教科書ガイド

教育出版版 完全準拠

中学 英語

ONE WORLD ①
English Course

新興出版社

CONTENTS

発音表記一覧

	母音			子音	
記号		例	記号		例
iː	イー	eat [íːt イート]	p	プ	pen [pén ペン]
i	イ	big [bíg ビグ]	b	ブ	bed [béd ベド]
e	エ	head [héd ヘド]	t	ト	cat [kǽt キャト]
æ	ア	apple [ǽpl アプル]		トゥ	two [túː トゥー]
ɑ	ア	comic [kάmik カミク]	d	ド	door [dɔ́ːr ドー]
ɑː	アー	father [fάːðər ファーザ]		ドゥ, デュ	during [djúəriŋ デュアリング]
ɔː	オー	ball [bɔ́ːl ボール]	k	ク	book [búk ブク]
u	ウ	cook [kúk クク]	g	グ	good [gúd グド]
uː	ウー	food [fúːd フード]	m	ム	mother [mʌ́ðər マザ]
ʌ	ア	much [mʌ́tʃ マチ]		ン	trumpet [trʌ́mpit トランペト]
ə	ア	arrive [əráiv アライヴ]	n	ヌ	night [náit ナイト]
	イ	uniform [júːnəfɔ̀ːrm ユーニフォーム]		ン	Monday [mʌ́ndei マンデイ]
	ウ	often [ɔ́ːfən オフン]	ŋ	ン	think [θíŋk スィンク]
	エ	chocolate [tʃɔ́ːkələt チョークレト]		ング	long [lɔ́ːŋ ロング]
	オ	melon [mélən メロン]	f	フ	family [fǽməli ファミリ]
ər	ア(ー)	teacher [tíːtʃər ティーチャ(ー)]	v	ブ	live [lív リヴ]
əːr	アー	bird [bə́ːrd バード]	θ	ス	three [θríː スリー]
ɑːr	アー	park [pάːrk パーク]	ð	ズ	brother [brʌ́ðər ブラザ]
ɔːr	オー	morning [mɔ́ːrniŋ モーニング]	s	ス	school [skúːl スクール]
ei	エイ	day [déi デイ]	z	ズ	busy [bízi ビズィ]
ai	アイ	kind [káind カインド]	ts	ツ	let's [léts レツ]
au	アウ	house [háus ハウス]	ʃ	シュ	shop [ʃάp シャプ]
ɔi	オイ	boy [bɔ́i ボイ]	ʒ	ジュ	usually [júːʒuəli ユージュアリ]
ou	オウ	cold [kóuld コウルド]	tʃ	チュ	natural [nǽtʃərəl ナチュラル]
iər	イア(ー)	here [híər ヒア(ー)]	dʒ	ヂ	just [dʒʌ́st ヂャスト]
eər	エア(ー)	where [hwéər ホウェア]	h	ハ	hand [hǽnd ハンド]
uər	ウア(ー)	sure [ʃúər シュア]	l	ル	animal [ǽnəməl アニマル]
			r	ゥル	room [rúːm ゥルーム]
			j	ユ	music [mjúːzik ミューズィク]
			w	ウ	winter [wíntər ウィンタ]

本書の構成と使い方

Lesson（Part 1・2・3）

本文と日本語訳

本文は教科書と同じ文を掲載しています。

本文がスムーズに理解できるように，なるべく自然な日本語で訳してあります。

（日本語訳には，わかりやすくするために？や！がついているところもあります。）

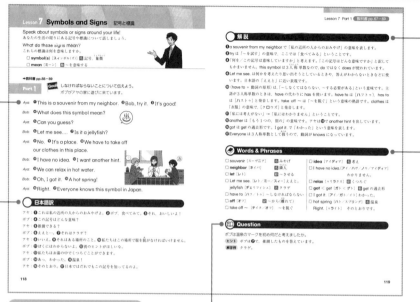

解説

語句の使い方や文法を中心に解説しています。既習事項や関連事項にもふれています。

Words & Phrases

発音（カタカナ）・品詞・意味がついています。

本書では品詞を次のように表しています。

名	名 詞	代	代名詞
動	動 詞	形	形容詞
副	副 詞	前	前置詞
接	接続詞	冠	冠 詞
助	助動詞	間	間投詞

Question

確認問題のヒントと解答例を示しています。

Key Sentence

重要表現の日本語訳と解説を掲載しています。

Tool Kit

解答例と日本語訳，語句を掲載しています。

音のつながり／発音／アクセント

教科書で取り上げられている音声や発音を，カタカナでわかりやすく示しています。

Listen

授業の予習になるアドバイスがついています。

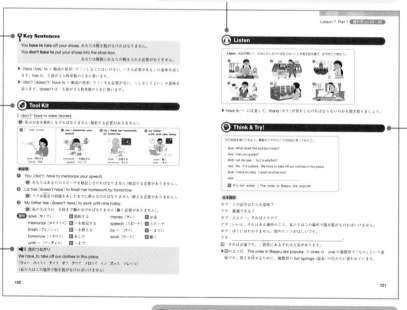

Think & Try!

活動のヒントになる日本語訳がついています。

Review / Task / Grammar

Review
日本語訳，解答例，解説を
掲載しています。

Task
活動のヒントになる英語部分の
訳を掲載しています。

Grammar
日本語訳を掲載しています。
教科書の文法解説の理解が
深まります。

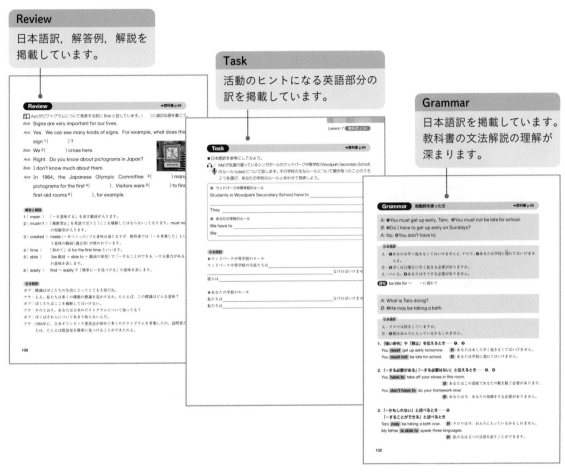

その他のページ

Project
表現活動のヒントになる日本語訳がついています。

Tips
日本語訳や語句を掲載しています。

Useful Expressions
日本語訳を掲載しています。

Reading / Further Reading
日本語訳と解説を掲載しています。
Question にはヒントと解答例がついています。
Comprehension Check には日本語訳と解答例がついています。

Activities Plus（教科書巻末）
日本語訳を掲載しています。

この本で使われている主な記号

▶：重要事項やテストに出そうな事項をまとめています。

＊：補足的な説明を加えています。

参考：該当事項の参考例文などを示しています。

写真提供：アフロ　アマナイメージズ　ゲッティイメージズ　国土交通省　Pixabay　PIXTA

→教科書 pp.4－5

Aya（小野あやか）

Kenta（谷 健太郎）

解説

▶ Nice to meet you. は初対面のあいさつです。nice は「よい，すてきな」，to meet は「会って」，you は「あなたに」という意味で，全体で「あなたに会えてうれしいです」という意味になります。日本語の「はじめまして」にあたります。

▶名前を書くときは，姓と名のはじめの文字を大文字にします。

Mei（リー・メイ）

Bob（ボブ・ウェスト）

Mr. Kato（加藤先生）

解説

▶「リー・メイ」（シンガポール人）の「リー」は姓，「メイ」は名です。
　「ボブ・ウェスト」（アメリカ人）の「ボブ」は名，「ウェスト」は姓です。

▶ Mr. は［ミスタ］と発音します。男の人の姓や姓名の前につけて「～さん，～先生」の意味を
　表します。

Springboard 2 　さまざまな会話

➡教科書 pp.6−7

語句

KEBAB　ケバブ［カバブ］。(中東の肉・
　魚・野菜などの串焼き料理)

FISH & CHIPS　フィッシュ・アンド・チッ
　プス。(白身魚のフライと棒型ポテトフラ
　イを組み合わせた料理)

пирожки　(ロシア語)ピロシキ。(小麦
　粉を練った生地にいろいろな具を詰めて
　揚げるパン料理)

Springboard 3　音声から文字へ

➡教科書 p.8

1. ①

cup　カップ
cap　(縁なしの)帽子

②

pen　ペン
pin　ピン，留め針

③

hat　(縁のある)帽子
hot　熱い，暑い

2. ①

fish　魚
dish　皿，料理

②

three　3(の)
tree　木

③

pet　ペット
vet　獣医

8

語句

STADIUM	競技場，スタジアム
SCHEDULE	スケジュール
EVENT	行事，イベント
Information	情報
ONEWORLD PARK	ワンワールド公園

3.

A

big 大きい	ten 10（の）	win 勝つ	fun 楽しさ， おもしろさ
red 赤（い）	leg 脚	hit 打つ， ぶつかる	cat ネコ
map 地図	kid 冗談を 言う	not ～でない	ten 10（の）
get ～を得る， もらう	sun 太陽	put ～を置く	dog イヌ

B

sun	map	put	red
hit	get	kid	dog
fun	big	leg	not
ten	cat	win	ten

Springboard 4 Sugoroku すごろく

➡教科書 p.9

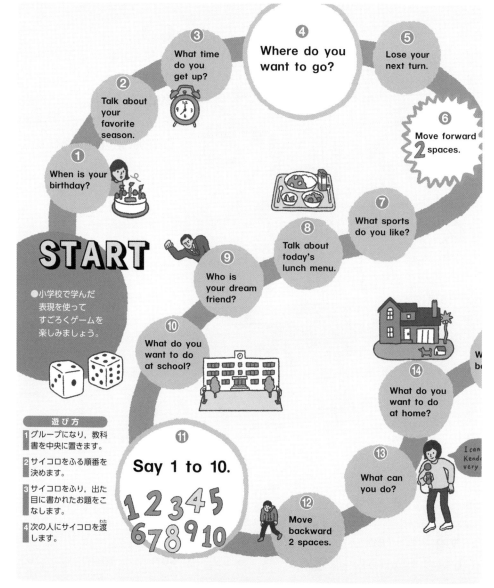

日本語訳

スタート

❶ あなたの誕生日はいつですか。

❷ あなたの大好きな季節について話す。

❸ あなたは何時に起きますか。

❹ あなたはどこに行きたいですか。

❺ あなたの次の番を失う。→ 1回休み。

❻ 2マス前に動く。→ 2つ進む。

❼ あなたは何のスポーツが好きですか。

❽ 今日の昼食メニューについて話す。

❾ あなたの夢の友達はだれですか。

❿ あなたは学校で何をしたいですか。

⓫ 1から10まで(英語で)言う。

⓬ 2マスうしろに動く。→ 2つ戻る。

⓭ あなたは何ができますか。

　• 私はけん玉がとてもじょうずにできます。

⓮ あなたは家で何をしたいですか。

⑲ Talk about an event in Japan.

⑱ Go to 22.

⑰ Self introduction 《自己紹介》

⑳ Say 3 countries in English.

㉑ Move backward 8 spaces.

⑯ Clap your hands for 10 seconds.

㉒ Sing ABC song.

ABCD EFG♪

⑮ What's your best memory?

㉓ Go back to START.

㉔ What do you want to be?

㉕ Tongue Twisters

I can play Kendama very well!

I scream, you scream, we all scream, for Ice cream

GOAL

日本語訳

⑮ あなたのいちばんの思い出は何ですか。

⑯ 10秒間手をたたく。

⑰ 自己紹介

⑱ 22に行く。

⑲ 日本の行事の1つについて話す。

⑳ 英語で3つの国を言う。

㉑ 8マスうしろに動く。 → 8つ戻る。

㉒ ABCの歌を歌う。

㉓ スタートに戻る。

㉔ あなたは何になりたいですか。

㉕ 早口ことば

・アイスクリーム，
あなたはさけぶ，
私たちみんなさけぶ，
アイスクリームを求めて

ゴール

Classroom English 教室の英語

➡教科書 p.10

先生が使う表現

❶ Stand up, please.　　❷ Sit down, please.　　❸ Please raise your hand.

❹ Open your textbooks to page five.　　❺ Close your textbooks.　　❻ Repeat after me.

❼ Listen to the CD.　　❽ Look at the blackboard.　　❾ Come up to the front.

❿ Go back to your seat.　　⓫ Get into pairs.　　⓬ Make a group of four.

日本語訳

❶立ってください。　　❷すわってください。　　❸手を上げてください。

❹教科書の5ページを開きなさい。　　❺教科書を閉じなさい。　　❻私のあとについて繰り返しなさい。　　❼CDを聞きなさい。　　❽黒板を見なさい。　　❾前に出てきなさい。

❿あなたの席に戻りなさい。　　⓫ペアになりなさい。　　⓬4人のグループをつくりなさい。

➡教科書 p.11

役に立つ表現

❶ Pardon?

❸ Excuse me.

❺ Thank you.

❼ How do you say "seifuku" in English?

❷ I have a question.

❹ Here you are.

❻ I'm sorry.

❽ How do you spell that word?

日本語訳

❶えっ，何ですか。／もう一度言ってください。

❸すみません（が）。

❺ありがとう。

❼「制服」を英語でどう言いますか。

❷質問があります。

❹はい，どうぞ。

❻すみません。／ごめんなさい。

❽その単語をどうつづりますか。

→教科書 pp.12−13

Goal 英語で自己紹介をしながら友達をつくろう。

Activity 1 英語であなたのネームカードをつくって，友達と交換しよう。

NAME	Ono Ayaka	（名前　小野あやか）
	I like music.	（私は音楽が好きです）

NAME	Robert West	（名前　ロバート・ウェスト）
	I like science.	（ぼくは理科が好きです）

▶ Robert は名，
West は姓。

語句 Robert West ［ゥロバート／ウェスト］　**名** ロバート・ウェスト（人名）
＊ p.49 ［ r ］（アール）の発音を参考にしてみよう。

Speak アヤとボブのやりとりを参考にして，自己紹介とカード交換をしよう。

❶ Hello.

❷ Hello.

❸ I'm Ono Ayaka. ❹ Please call me Aya.
❺ I like music. ❻ I play the piano.

❼ Oh, Aya, you play the piano. ❽ That's nice!
❾ I'm Robert West. ❿ Please call me Bob.
⓫ My favorite subject is science.

⓬ Oh, you like science. ⓭ Great!
⓮ Nice to meet you, Bob.

⓯ Nice to meet you, too, Aya.

日本語訳

アヤ：❶こんにちは。

ボブ：❷こんにちは。

アヤ：❸私は小野あやかです。❹どうぞ私をアヤと呼んでください。❺私は音楽が好きです。❻私はピアノを弾きます。

ボブ：❼ああ，アヤ，あなたはピアノを弾くのですね。❽それはすてきです！❾ぼくはロバート・ウェストです。❿どうぞぼくをボブと呼んでください。⓫ぼくのお気に入りの教科は理科です。

アヤ：⓬ああ，あなたは理科が好きなのですね。⓭すばらしい！　⓮あなたに会えてうれしいです，ボブ。

ボブ：⓯ぼくもあなたに会えてうれしいです，アヤ。

解 説

❸I'm ～ . は「私は～です」の意味です。I'm は I am を縮めた形（短縮形）です。

❹Please ～ . は「（どうぞ）～してください」の意味です。「私を～と呼んでください」は〈Please call me + ニックネーム .〉で表します。

❻play the piano は「ピアノを演奏する」の意味です。楽器名の前に the をつけます。

⓫my favorite subject は「私のお気に入りの［大好きな］教科」の意味です。

⓯相手が Nice to meet you. と言ったら，Nice to meet you, too. と答えましょう。too は「～も（また）」の意味です。日本語の「こちらこそはじめまして」にあたります。

語句

□ call ［コール］　動 ～を…と呼ぶ

🎧 Listen & Read

ケンタのスピーチのよいところはどこか考えよう。

❶ Hello.

❷ I am Tani Kentaro. ❸ Please call me Kenta.

❹ Do you like baseball?

❺ I like playing baseball.

❻ I want to join the baseball team.

❼ My favorite subject is P.E. ❽ It's exciting.

❾ Thank you. ❿ Any questions?

◯ 日本語訳

❶ こんにちは。
❷ ぼくは谷健太郎です。❸ どうぞぼくをケンタと呼んでください。
❹ あなた（たち）は野球が好きですか？ ❺ ぼくは野球をすることが好きです。❻ ぼくは野球チームに参加したいのです。
❼ ぼくのお気に入りの教科は体育です。❽ それはわくわくします。
❾ ありがとう。❿ 何か質問はありますか？

◯ 解 説

❹ Do you ～ ? を使えば，「あなたは～しますか」とたずねることができます。
❺ 動詞の -ing 形は「～すること」を表すので，I like playing baseball. で「私は野球をすることが好きです」の意味になります。
❻ I want to ～ . は「私は～したいです」という意味です。
❽ exciting は「（人を）わくわくさせるような」という意味です。
❿ Any questions? は Do you have any questions?（あなた（たち）は何か質問がありますか）を短く言ったものです。

語句

□ **any** ［エニ］　形 何か

Tool Kit

I like **animals**.　訳 私は動物が好きです。

| 例 animals | ❶ fruits | ❷ reading | ❸ playing video games |

❶ I like fruits.　　　　　　　　訳 私はくだものが好きです。

❷ I like reading.　　　　　　　訳 私は読むこと［読書］が好きです。

❸ I like playing video games.　訳 私はテレビ・ゲームをするのが好きです。

Speak

■日本語訳を参考にしてみよう。

あなたの好きなものや好きなことについて，2文以上で言ってみよう。

❶I love sports.　❷I like swimming.　❸It's exciting.

❹I like reading.　（本を見せて）❺This is my favorite book.　❻It's interesting.

❼I like animals.　❽I like dogs.　（写真を見せて）❾This is my dog, Happy.

日本語訳

❶私はスポーツが大好きです。　❷私は水泳が好きです。　❸それはわくわくします。

❹私は読書が好きです。　❺これは私のお気に入りの本です。　❻それはおもしろいです。

❼私は動物が好きです。　❽私はイヌが好きです。　❾これは私のイヌのハッピーです。

語句

□ **interesting** ［インタレスティング］　形 おもしろい

🎤 Speak

友達のスピーチのあとで質問を求められたとき，どんな質問ができるか考えて，言ってみよう。

❶ What's your favorite ～ ?　訳 あなたのお気に入りの～は何ですか。

▶ what を使って「もの」や「こと」についてたずねる表現です。

　　例 What's your favorite subject?　訳 あなたのお気に入りの教科は何ですか。

　　　— It's social studies.　訳 —それは社会科です。

animal　動物

food　食品，食べもの

manga　マンガ

語句 □ manga［マンガ］ 名 マンガ

❷ Who is your favorite ～ ?　訳 あなたのお気に入りの～はだれですか。

▶ who を使って「人」についてたずねる表現です。

　　例 Who is your favorite soccer player?

　　　　　　訳 あなたのお気に入りのサッカー選手はだれですか。

　　　— I like Kubo Takefusa.　訳 —私は久保建英が好きです。

singer　歌手

writer　作家

comedian　コメディアン

語句 □ writer［ゥライター］ 名 作家

❸ What time do you 〜 ?　　訳 あなたは何時に〜しますか。

▶ what time を使って「時刻」をたずねる表現です。

　　例 What time do you have dinner?　　訳 あなたは何時に夕食を食べますか。
　　　 — I have dinner at 7:30.　　　　　　訳 —私は7時30分に夕食を食べます。

get up　起きる　　　　go to bed　寝る

❹ その他

• Can you cook spaghetti? — Yes, I can.

　訳 あなたはスパゲッティを料理することができますか。　 —はい，できます。

• What's your dog's name? — Kuro.

　訳 あなたのイヌの名前は何ですか。　 —クロです。

• When is your birthday? — It's November 4th.

　訳 あなたの誕生日はいつですか。　 —それは11月4日です。

• What do you do in your free time? — I read manga.

　訳 あなたはあなたの自由にできる時間に何をしますか。　 —私はマンガを読みます。

• How many brothers do you have? — I have no brothers.

　訳 あなたには兄弟が何人いますか。　 —私には兄弟がいません。

語句 □ free ［フリー］　　形 自由にできる

Activity 3　自己紹介の手紙を書いてみよう。　　　　　　　➡教科書 p.18

Listen & Read

ALT のキャシー・キング先生 (Ms. Cathy King) からアヤたちにメッセージが届きました。内容について推測できたことを友達と伝え合おう。

❶ Dear students,

❷ Hi! ❸ How are you?

❹ I'm Ms. Cathy King, your English teacher.

❺ I am from Sydney, Australia.

❻ I love playing sports.

❼ I like surfing. ❽ It's really exciting.

❾ I can speak Japanese a little.

❿ My favorite word is "Arigato."

⓫ I like sushi. ⓬ It is very popular in Australia.

⓭ I sometimes eat sushi at a Japanese restaurant.

⓮ I like fish, but I don't like octopus.

⓯ Please write about yourself.

⓰ See you in our English class!

⓱ Cathy King

◯ 日本語訳

❶ 親愛なる生徒へ

❷ こんにちは。❸ ごきげんいかがですか。

❹ 私はキャシー・キング，あなたたちの英語の先生です。

❺ 私はオーストラリアのシドニー出身です。

❻ 私はスポーツをすることが大好きです。

❼ 私はサーフィンが好きです。❽ それは本当にわくわくします。

❾ 私は日本語を少し話すことができます。

❿ 私のお気に入りのことばは「ありがとう」です。

⓫ 私はすしが好きです。⓬ それはオーストラリアでとても人気があります。

⓭ 私はときどき日本料理店ですしを食べます。

⓮ 私は魚が好きですが，私はタコが好きではありません。

⓯ どうぞあなた自身について書いてください。

⓰ 私たちの英語の授業で会いましょう。

⓱ キャシー・キング

◯ 解説

❹ Ms. は女の人の姓・姓名につけて「〜さん，〜先生」の意味を表します。自分の名前を言うときに使ってもかまいません。your English teacher は，前の Cathy King の補足説明です。

❽ It's は It is の短縮形で，It は surfing をさしています。

⓬ It は sushi をさしています。

⓭ sometimes（ときどき）は「一般動詞の前，be 動詞（is, are, am）のあと」に置きます。

例 He is sometimes in the music room.　訳 彼はときどき音楽室にいます。

⓯ この文は，「あなた自身について，手紙を書いて知らせてください」ということです。

⓰ See you in 〜！は「〜で会いましょう」というあいさつです。See you tomorrow! なら「あした会いましょう」の意味になります。

語句

□ dear 〜 ［ディア］　　　形〔手紙の書き出しで〕親愛なる〜
□ Sydney［スィドニ］　　名 シドニー（オーストラリアの都市）
□ surfing［サーフィング］　名 サーフィン
□ popular［パピュラ］　　形 人気がある
□ but［バト］　　　　　　接 しかし
□ octopus［アクトパス］　名 タコ
□ yourself［ユアセルフ］　代 あなた自身

21

1．日本語と英語の語順

(1) 日本語の語順

　　私は 先週 京都に 行きました 。

　　先週 京都に 私は 行きました 。

(2) 英語の語順

- 　I like music .
　　主語　動詞　その他

　　訳 私は音楽が好きです。

- 　My favorite subject is science .
　　　　　主語　　　　　　動詞　　その他

　　訳 私のお気に入りの教科は理科です。

2．英語の文の代表的な2つの型

(1) 「何はどんなだ」「何は何だ」」を表す文

- P.E.　　　　　is　　　　　exciting.
　体育　どんなものか説明すると　わくわくする

　　訳 体育はわくわくします。

- Ms. King　　　　is　　　　our English teacher.
　キング先生　どんな人か説明すると　私たちの英語の先生

　　　訳 キング先生は私たちの英語の先生です。

(2) 「何は～する」を表す文

- I　like　Japanese food.
　私　～を好む　日本食

　　訳 私は日本食が好きです。

- I　play　the piano.
　私　～を演奏する　ピアノ

　　訳 私はピアノを演奏します。

3．自分のことを述べたり，相手のことをたずねたりする場合

(1) 「何はどんなだ」の文の場合 (is, are, am を用いる文)

- I am from Sydney.　　訳 私はシドニー出身です。
- Are you from Canada?　　訳 あなたはカナダ出身ですか。

(2) 「何は～する」の文の場合 (一般動詞を用いる文)

- I like science.　　訳 私は理科が好きです。
- Do you like science?　　訳 あなたは理科が好きですか。

４．さまざまな疑問文

(1) what, who などを用いた疑問文

- | What | is | your favorite subject? |

  どんなもの・何　　あなたのいちばん好きな教科

  訳 あなたのいちばん好きな教科は何ですか。

- | Who | is | your favorite soccer player? |

  どんな人・だれ　　あなたのいちばん好きなサッカー選手

  訳 あなたのいちばん好きなサッカー選手はだれですか。

- | Where | do you live?

  どんな場所・どこ

  訳 あなたはどこに住んでいますか。

- | When | is your birthday?

  どんなとき・いつ

  訳 あなたの誕生日はいつですか。

(2) what + 名詞 や how + 形容詞 で始まる疑問文

- What sport do you like?

  何のスポーツ

  訳 あなたは何のスポーツが好きですか。

- | How old | is your father?

  どれくらいの年齢（ねんれい）

  訳 あなたのお父さんは何歳（さい）ですか。

- How many books do you have?

  どれくらい多くの本

  訳 あなたは何冊の本を持っていますか。

語句 live［リブ］ 動 住む

5. お願いするとき

- Coffee, please.

  訳 コーヒーをください。

- Please play the guitar for me.

  訳 私のためにギターを演奏してください。

Lesson 2 Talking with Friends 友達との会話

➡教科書 p.23

 Goal 友達とチャット (おしゃべり) ができるようになろう。

□ talking ［トーキング］ 名 会話

Activity 1 英語でたくさんの質問と応答をしよう。

 Practice

ペアで質問と応答の練習をしよう。

❶Do you like sports?

❷Yes, I do. ❸I sometimes play soccer with my friends.

❹That's nice!

日本語訳

❶あなたはスポーツが好きですか？

❷はい, 好きです。
❸私はときどき私の友達といっしょにサッカーをします。

❹それはいいですね！

解説

❶Do you ～？は「あなたは～しますか」という質問です。
❷Do you ～？とたずねられたら, Yes, I do. または No, I don't. と答えます。

■教科書の英文と日本語訳を比べてみよう。

	質　問	応　答　例
1	あなたはスポーツが好きですか。	はい，好きです。私はバスケットボール・チームに入っています。
2	あなたはテレビ・ゲームをしますか。	いいえ，しません。私はテレビ・ゲームは好きではありません。
3	あなたのお気に入りの教科は何ですか。	私は英語が好きです。それはおもしろいです。
4	あなたは早く起きますか。	はい，早く起きます。私はふつう6時30分に起きます。
5	あなたは料理がじょうずですか。	はい，じょうずです。私はときどき私の家族のために料理します。
6	あなたは毎日，読書をしますか。	いいえ，毎日は読みません。でも私は読書が好きです。
7	あなたはスキーができますか。	いいえ，できません。でも私はテレビでウィンター・スポーツを見ます。
8	あなたは毎日，音楽を聞きますか。	はい，聞きます。私は私のスマートフォンで音楽を聞きます。
9	あなたはテレビ・ドラマが好きですか。	はい，好きです。私は月曜日と金曜日にテレビ・ドラマを見ます。
10	あなたは水泳がじょうずですか。	はい，じょうずです。私は100メートル泳ぐことができます。

解説

▶ Are you 〜 ? とたずねられたら，Yes, I am. または No, I'm not. と答えます。

▶〈be 動詞 + good at 〜〉は「〜がじょうず［得意］だ」という意味です。

語句

□ **early** ［アーリ］　　副 早く

□ cooking ［クキング］　　名 料理

□ **family** ［ファミリ］　　名 家族

□ **every** ［エヴリ］　　形 毎〜

□ day ［デイ］　　名 日

□ smartphone ［スマートフォウン］　　名 スマートフォン

□ TV drama(s) ［ティーヴィー／ドラーマ(ズ)］　　名 テレビ・ドラマ

□ **meter(s)** ［ミータ(ズ)］　　名 メートル

➡教科書 p.24

Chat 1

❶I love curry and rice.

❷Me, too.　❸Do you eat curry and rice at home?

❹Yes, very often.　❺I sometimes eat curry for breakfast.

❻For breakfast?

❼Yes.　❽Um, frozen curry is always in the fridge.

❾Really?　❿You can eat curry anytime!

日本語訳

ケンタ：❶ぼくはカレーライスが大好きなんだ。

　メイ：❷私も。❸あなたは家でカレーライスを食べる？

ケンタ：❹うん，しょっちゅう。❺ぼくはときどき朝食にカレーを食べるよ。

　メイ：❻朝食に？

ケンタ：❼そうだよ。❽うーん，冷凍したカレーがいつも冷蔵庫の中にあるんだ。

　メイ：❾本当？　❿あなたはいつでもカレーを食べることができるわね！

語句

□ **often**［オフン］　　副 しばしば

□ **um**［アム］　　　　間 うーん

□ **frozen**［フロウズン］　形 冷凍した

□ **fridge**［フリヂ］　　　名 冷蔵庫

□ **anytime**［エニタイム］副 いつでも

➡教科書 p.25

⑪ Yeah, you're right.
⑫ What do you usually eat for breakfast?

⑬ I eat bread or cereal.
⑭ And an omelet! ⑮ I'm good at making omelets.

⑯ That's great!

日本語訳

ケンタ：⑪うん，そのとおり。⑫きみはふつう朝食に何を食べる？

メイ：⑬パンかシリアルを食べるわ。⑭そしてオムレツ！　⑮私はオムレツをつくることがじょうずよ。

ケンタ：⑯それはすばらしい！

語句

☐ yeah［イェア］　間 うん

☐ or［オー］　接 または

☐ cereal［スィアリアル］　名 シリアル(穀物の加工食品)

解説

❷ Me, too. は I love curry and rice, too. を短く言ったものです。

❹ Yes, very often. は Yes, I eat curry and rice very often. ということです。

❻ メイは少し驚いて，「えっ，朝食に食べるのですか」と聞き返しています。

❽ この文の is は「ある」，in the fridge は「冷蔵庫の中に」という意味です。

⑭ 母音の発音で始まる語の前では，a ではなく an を使います。

⑮ 〈be 動詞 + good at -ing〉で「～することがじょうず[得意]だ」の意味を表します。

Listen

ショウとリズの会話を聞いて，どのように相づちを打っているか確認しよう。ほかにどんな相づちの表現が使えるか言ってみよう。

▶ p.36の Tips「チャットをするときのヒント」を参考にしましょう。

Speak

友達と，好きな季節についてチャットをしてみよう。

What's your favorite season?（あなたのお気に入りの季節は何ですか）

の質問でチャットを始めよう。

🎧 Chat 2

❶Look! ❷Those boys play soccer very well.

❸Yeah, they always play soccer after lunch. ❹You play soccer, right?

❺Yes. ❻I want to be a good player like Tsubasa.

❼Who is Tsubasa?

❽He is the main character of *Captain Tsubasa.*
❾It's a Japanese comic book.

❿Oh, do you read Japanese comic books?

⭕ 日本語訳

ボブ：❶見て！ ❷あの少年たちはとてもじょうずにサッカーをするね。

アヤ：❸うん，彼（かれ）らはいつも昼食のあとにサッカーをするの。❹あなたはサッカーをするでしょ？

ボブ：❺するよ。❻ぼくは翼（つばさ）のようなじょうずな選手になりたいんだ。

アヤ：❼ツバサってだれ？

ボブ：❽彼は『キャプテン翼』の主人公。❾それは日本のマンガ本だよ。

アヤ：❿あら，あなたは日本のマンガ本を読むの？

解説

❶ 動詞1語や動詞で始まる文は,「～しなさい,～してください」と命令・指示・勧誘する文です。この Look! は「ねえ,見てごらん」という感じです。

❷ Those は that（あの）の複数形で「あれらの」の意味を表します。Those boys（あれらの少年たち）は,日本語では「あの少年たち」と訳してもかまいません。ただし,「あの少年たち」を英語に直すときは,that boys と言わないように注意しましょう。

❸ always（いつでも）, sometimes（ときどき）, usually（ふつうは）, often（しばしば）などの「頻度(ひんど)」を表す語は,「一般(いっぱん)動詞の前,be 動詞のあと」に置きます。

❹ ふつうの文に〈, right?〉をつけると,「～ですよね」と確認する文になります。

❺ want to be ～ で「～になりたい」という意味を表します。この文の like は前置詞で.「～のような」ということです。

❼ Who is ～? は「～はだれですか」と「人」をたずねる文です。

❽ He は Tsubasa をさします。the main character は「主要な登場人物」つまり「主人公」のことです。*Captain Tsubasa* はマンガ本の題名なので,イタリック体で書かれています。

❾ It's の It は *Captain Tsubasa* というマンガ本をさしています。

❿ 単に「あなたは日本のマンガ本を読みますか」とたずねているのではなく,ちょっと驚いて,「あなたは日本のマンガ本を読むのですね」と確かめている表現です。

語句

□ **those**［ゾゥズ］	形〔複数の人・ものについて〕あの～
□ **they**［ゼイ］	代 彼ら(かのじょ)は,彼女らは
□ **after ～**［アフタ］	前 ～のあとに
▶ **like ～**［ライク］	前 ～のような［に］
□ **main character**［メイン／キャラクター］	名 主人公
□ **comic book(s)**［カミク／ブク(ス)］	名 マンガ本
Captain Tsubasa［キャプティン／ツバサ］	名『キャプテン翼(つばさ)』(作品名)

❶Yes, I love them. ❷The stories are interesting.

❸How many Japanese comic books do you have?

❹About one hundred.

❺So many!

日本語訳

ボブ：❶うん，ぼくはそれらが大好きなんだ。❷そのストーリーはおもしろいよ。

アヤ：❸日本のマンガ本を何冊持っているの？

ボブ：❹100冊くらい。

アヤ：❺そんなにたくさん！

解説

❶これは，教科書 p.26のアヤの質問 (Do you read Japanese comic books? 「あなたは日本の
マンガ本を読むのですか」) に対する返事です。them (それら) は Japanese comic books を
さしています。I love them. は I like them very much. と言いかえることができます。

❷The stories は「日本のマンガ本の物語 [ストーリー]」をさします。stories は story の複数形
です。

❸〈How many + 名詞の複数形 + do you have?〉で，相手が持っている「数」をたずねていま
す。英語では「あなたは何冊の日本のマンガ本を持っていますか」と表現することに注意しま
しょう。

❹これは，I have about one hundred Japanese comic books. (私は約100冊の日本のマンガ
本を持っています) を短く言ったものです。

❺この文は，You have so many Japanese comic books! (あなたはそんなに多くの日本のマン
ガ本を持っているのですね) を短く言ったものです。

語句

□ **them** [ゼム]　　　　　　　　　　　　　代 それらを

□ stories < **story** [ストーリズ<ストーリ]　名 story (ストーリー，話) の複数形

□ **so** [ソウ]　　　　　　　　　　　　　　副 そんなに

🎧 Listen

■日本語訳を参考にしてみよう。

1 Do you read comic books every day?　　**2** When do you watch anime?

3 Where do you play soccer?　　**4** What kind of food do you like?

5 Can you swim well?　　**6** How many comic books do you have?

日本語訳

1 あなたは毎日，マンガ本を読みますか。

2 あなたはいつアニメを見ますか。

3 あなたはどこでサッカーをしますか。

4 あなたはどんな種類の食べものが好きですか。

5 あなたはじょうずに泳ぐことができますか。

6 あなたはマンガ本を何冊持っていますか。

解説

1 read comic books で「マンガ本を読む」という意味です。

3 play soccer で「サッカーをする」という意味です。

4 What kind of ～ ? は「種類」をたずねる文です。

語句

☐ anime［アニメイ］　名 アニメ

☐ kind［カインド］　名 種類

💬 Speak

Do you like comic books［sports / music］?

訳 あなたはマンガ本［スポーツ／音楽］が好きですか。

解説

▶「好き」なら Yes, I do. または簡単に Yes. と答え，どんなマンガ本［スポーツ／音楽］が好きかを答えましょう。

▶「好きでない」なら No, I don't. または簡単に No. と答え，その理由などをつけ加えるとよいでしょう。

🎧 Chat 3

❶What do you do in your free time?

❷I play chess.
❸It's exciting.

❹Oh, you play chess.
❺Do you play with your family?

❻No. ❼I play it on the Internet. ❽I don't have chess pieces.

❾Oh, that dog is so cute!
❿Do you have any pets?

⓫Yes. ⓬I have some hamsters.

日本語訳

アヤ：❶あなたは自由な時間に何をするの？

メイ：❷私はチェスをするわ。❸それ，わくわくするのよ。

アヤ：❹へえ，あなたはチェスをするのね。❺家族といっしょにするの？

メイ：❻いいえ。❼インターネットでそれをするの。❽私，チェスのこまを持ってないの。

メイ：❾わあ，あのイヌ，すごくかわいい！　❿あなたはペットを何か飼ってる？

アヤ：⓫ええ。⓬私はハムスターを何匹か飼ってるわ。

解 説

❶「何を／あなたはしますか／あなたの自由にできるときに」と考えます。free time とは，特にしなければならないことがない「自由な時間，ひまな時間」のことです。

❸It's は It is の短縮形ですね。It は chess をさしています。

❹「ああ，あなたはチェスをします」という意味ですが，実際には，「へえ，あなたはチェスをするのね」と，ちょっと驚いた感じで言っています。

❺play のあとに it（または chess）が抜けていますが，なくても通じるので省略されています。

32

❻No. は No, I don't. を 1 語で表したものです。

❼it は chess をさします。「インターネットで」は on the Internet と言います。Internet は最初の文字を大文字で書きます。

❽I don't have 〜 . は「私は〜を持っていない」という意味でしたね。piece は，ここでは「(ボードゲームなどの)こま」のことです。

❿数えられるものを「何か持って［飼って］いますか」と相手にたずねるときは，〈Do you have any + 名詞の複数形?〉のように言います。any を疑問文で使うと「何か」の意味になります。

　参考 any を否定文で使うと「何も (〜ない)」の意味になります。

　例 I don't have any pets.「私はペットを何も飼っていません。」

⓬数えられるものを自分が「いくつか持って［飼って］います」と伝えるときは，〈I have some + 名詞の複数形.〉のように言います。some は「いくつかの，いくらかの」という意味です。

　参考 some は 1 つ，2 つ，…と数えられないものにも使えます。

　例 I want some water.「私は水が (いくらか) ほしいです。」

語句

□ chess［チェス］　　　　　名 チェス

□ **Internet**［インタネト］　　名 インターネット

□ chess piece(s)［チェス／ピース(ィズ)］　チェスのこま

□ **pet(s)**［ペト(ペッ)］　　　名 ペット

□ **some**［サム］　　　　　形〔数や量を示して〕何匹かの，いくつかの，いくらかの

□ hamster(s)［ハムスタ(ズ)］　名 ハムスター

Practice ✏

❶I envy you.
❷I can't keep a pet.
❸You can't?

❹No. ❺I live in an apartment.
❻I see.

❼Um, I like reading at home. ❽How about you?

❾I like reading, too. ❿I like detective stories.

日本語訳

メイ：❶あなたがうらやましいな。❷私はペットが飼えないの。

アヤ：❸飼えない？

メイ：❹ええ。❺私，アパートに住んでいるのよ。

アヤ：❻そうなのね。

アヤ：❼うーん，私は家での読書が好き。❽あなたはどう？

メイ：❾私も読書が好き。❿私は推理小説が好きなの。

解 説

❶この文は，教科書 p.28の最後のアヤのことば，I have some hamsters.（私はハムスターを何匹か飼っています）に対する相づちです。envy は「～をうらやましく思う」という意味の動詞です。

❷keep は，ここでは「～を飼う」という意味の動詞です。

❸You can't? は You can't keep a pet?（あなたはペットが飼えないのですか）を短く言ったものです。疑問文ではない文に「？」がついているときは，「えっ，飼えないのですか」「あら，飼えないのね」と，相手の言ったことを確認している文になります。

❹No. は「いいえ（飼えますよ）」という意味ではないので注意しましょう。英語では，Can you ～？とたずねられても，Can't you ～？とたずねられても，「できる」なら yes,「できない」

なら no を使って答えます。

例　Can you swim? （あなたは泳げますか）　　　　— Yes. （泳げますよ）

　　　　　　　　　　　　　　　　　　　　　　— No. （泳げません）

Can't you swim? （あなたは泳げないのですか）— Yes. （泳げますよ）

　　　　　　　　　　　　　　　　　　　　　　— No. （泳げません）

❺apartment は集合住宅のことです。apartment の前は，a ではなく an となっていますね。

❼like -ing は「〜することが好きだ」の意味でしたね。reading は「読むこと，読書」のことです。

❽How about you? （あなたはどうですか）は，Do you like reading? （あなたは読書が好きですか）を別の表現で言ったものです。

❿「推理小説が好きだ」は「いろいろな推理小説が好きだ」ということなので，story の複数形を使って detective stories のように表します。I like cats. （私はネコが好きです）なども同じです。

語句

□ envy ［エンヴィ］　　　　　　　動 〜をうらやましく思う

□ **keep** ［キープ］　　　　　　　動 〜を飼う

□ **live** ［リヴ］　　　　　　　　　動 住む

□ apartment ［アパートメント］　名 アパート

□ detective stories ＜ detective story ［ディテクティブ／ストーリズ ＜ ディテクティブ／ストーリ］

　　　　　　　　　　　　　　　名 detective story （推理小説）の複数形

🎧 **Listen**

エリーとトムの会話を聞き，どのようにして話題を切り出しているか確認しよう。

また，あなたならどんな話題を出すか，考えてみよう。

▶ p.36の Tips「チャットをするときのヒント」を参考にしましょう。

Tips チャットをするときのヒント

■日本語訳を参考にしてみよう。

●さまざまな相づち表現を使ってみよう。

例 ・I can snowboard. 訳 私はスノーボードをすることができます。

— Oh, you can snowboard? / You can? /

Really? / Cool! / Wow! / That's nice! / Me, too.

訳 —ああ，あなたはスノーボードができるのですか。／できるのですか。／

本当ですか。／かっこいい。／うわあ。／それはすてきです。／私も。

●相手が出した話題に対して，どのような質問が返せるかな。

例 ・I like *Detective Conan*. 訳 私は『名探偵コナン』が好きです。

— Who is your favorite character?

訳 — あなたのお気に入りの登場人物はだれですか。

Can we watch it on TV?

訳 私たちはそれをテレビで見ることができますか。

例 ・I play tennis. 訳 私はテニスをします。

— Are you on the tennis team? 訳 — あなたはテニスチームに入っていますか。

Where do you play? 訳 あなたはどこでプレーしますか。

●話題を切り出すときは，まず自分のことを言ってから相手に質問しよう。

例 ・I like music. How about you?

訳 私は音楽が好きです。あなたはどうですか。

例 ・I have a dog. Do you have a dog, too?

訳 私はイヌを1匹飼っています。あなたもイヌを飼っていますか。

語句

□ snowboard［スノウボード］ 動 スノーボードをする

□ wow［ワゥ］ 間 うわあ

□ **character**［キャリクタ］ 名 登場人物

Detective Conan［ディテクティヴ／コナン］ 『名探偵コナン』(作品名)

Grammar　Lesson 2 で使った文のしくみを確認しよう。　➡教科書 pp.32－33

■日本語訳を参考にしてみよう。

1. she, he, it などの使い方

That is Ms. King . She is an English teacher.

訳　あちらはキング先生です。彼女は英語の先生です。

Bob is my brother. He likes baseball.

訳　ボブは私の兄［弟］です。彼は野球が好きです。

Look at the cat under the tree. It is Ken's cat.

訳　木の下のネコを見て。それはケンのネコです。

2. she, he などを使った文の疑問文

Ms. King is an English teacher.　訳　キング先生は英語の先生です。

She is from Australia.　訳　彼女はオーストラリア出身です。

Is she from Australia?　訳　彼女はオーストラリア出身ですか。

3. this と that の使い方

This is Bob. He is my classmate.

訳　こちらはボブです。彼は私のクラスメートです。

That is Mr. Kato. He is an English teacher.

訳　あちらは加藤先生です。彼は英語の先生です。

語句 classmate［クラスメイト］ 名 クラスメート

4. this, that を使った文の疑問文

That is your dog.　訳　あれはあなたのイヌです。

Is that　your dog?　訳　あれはあなたのイヌですか。

5. we, you, they の使い方

(1) Taro and I are on the tennis team. We love tennis.

> **訳** タロウと私はテニスチームに入っています。私たちはテニスが大好きです。

(2) Good morning, everyone . How are you ?

> **訳** おはようございます，皆^{みな}さん。ごきげんいかがですか。

(3) Look at those boys . They are my classmates.

> **訳** あの少年たちを見なさい。彼らは私のクラスメートです。

語句 everyone ［エヴリワン］ 代 皆さん

6．can の意味と用法

(1) Birds **can** fly , but penguins **cannot** fly .
> **訳** 鳥は飛ぶことができますが，ペンギンは飛ぶことができません。

(2) ① My father **can** speak four languages.
> **訳** 私の父は4つの言語を話すことができます。
② In the daytime we **can't** see stars.
> **訳** 昼間，私たちは星を見ることができません。

(3)　　　I can play chess.　　**訳** 私はチェスをすることができます。

Can you 　　 play chess?　　**訳** あなたはチェスをすることができますか。

語句 fly ［フライ］ 動 飛ぶ
penguin(s) ［ペングウィン(ズ)］ 名 ペンギン
language(s) ［ラングウィヂ(ズ)］ 名 言語
daytime ［デイタイム］ 名 昼間

7. some と any

(1) some

① I have **some** hamsters.

訳 私はハムスターを何匹か飼っています。

② I want **some** water.

訳 私はいくらかの水がほしいです。

(2) any

① Do you have **any** books about soccer?

訳 あなたはサッカーについての本を何か持っていますか。

② I don't have **any** pets.

訳 私はどんなペットも飼っていません。

Practice

➡教科書 p.34

 Goal　お気に入りの人物を紹介^{しょうかい}するスピーチをしよう。

Activity 1　友達や先生を紹介する文を言ってみよう。

🎧📖 Listen & Read

サッカー部に入ったボブは，新しい友達ペドロ (Pedro) と出会いました。2つの場面を比べて，英語の表現の違^{ちが}いについて考えてみよう。

Ⓐ ペドロが自分自身のことを話したとき

❶ I'm Pedro.　❷ I come from Brazil.

❸ I like soccer very much.

❹ I watch soccer videos in my free time.

❺ I don't like practicing early in the morning.

Ⓑ ボブが家族にペドロのことを話したとき

❻ I have a new friend.　❼ His name is Pedro.

❽ He comes from Brazil.

❾ He plays soccer with me on the soccer team.

❿ He watches soccer videos in his free time.

⓫ He doesn't like practicing early in the morning.

⓬ He can't get up early.

◯ 日本語訳

Ⓐ　❶ぼくはペドロです。❷ぼくはブラジルの出身です。

❸ぼくはサッカーが大好きです。

❹ぼくは，自由時間にサッカーのビデオを見ます。

❺ぼくは朝早く練習することが好きではありません。

Ⓑ　❻ぼくには新しい友達がいます。❼彼^{かれ}の名前はペドロです。

❽彼はブラジルの出身です。

❾彼はサッカーチームでぼくといっしょにサッカーをします。

❿彼は自由時間にサッカーのビデオを見ます。

⓫彼は朝早く練習することは好きではありません。

⓬彼は早く起きることができません。

解 説

❷ I come from 〜 . は I'm from 〜 . と同じく,「私は〜出身です」の意味を表します。この意味のときは come の過去形 came は使いません。

❹「ビデオ [テレビ] を見る」というときは see ではなく watch を使います。see は「見える,見かける」,watch は「動いているものをじっと見る」という違いがあります。

❺ don't like -ing で「〜することが好きではない」の意味を表します。early in the morning は「朝早く」の意味です。　**参考** late at night「夜遅く」

❽ 主語が「I と you 以外の一人・1つ」(これを「3人称単数」といいます)のときは,動詞に s または es をつけます。come の場合は s をつけるだけです。

❿ [ス・シュ・チ] の音で終わる動詞の場合は es をつけます。watch は「チ」の音で終わるので watches となります。

⓫ 主語が3人称単数のときの否定文は〈主語 + doesn't + 動詞の原形 〜 .〉の形で表します。

⓬ ペドロが言っていないことをつけ加えた文です。can や can't は,主語が何であってもこの形で表します。

参考

一般動詞の s, es のつけ方
- 動詞の終わりに s をつけるのが原則。例 come – comes play – plays want – wants
- [ス・シュ・チ] の音で終わる動詞には es をつける。例 watch – watches teach – teaches
- 〈子音字 + y〉で終わる動詞は,y を i にかえて es をつける。例 study – studies
  *子音字とは a, i, u, e, o (母音字) 以外の文字のことです。
- o で終わる動詞には es をつける。例 go – goes do – does

語尾の発音
- [ズ] 例 comes plays studies goes reads
- [ィズ] 例 practices watches washes uses
  * says は [セズ] と発音します。
- [ス] 例 likes speaks thinks
- ts は [ツ] 例 wants gets eats

語句

☐ **person** [パースン]　　　　名 人
☐ **much** [マチ]　　　　　　副 たいへん
☐ video(s) [**ヴィディオウ**(ズ)]　名 映像
☐ **his** [ヒズ]　　　　　　　代 彼の
　doesn't ← does not [ダズント ← ダズ/ナト]

41

ボブが，ケンタやキング先生について話しています。

Ⓐ

❶I play baseball.
❷I use an old glove.
❸I want a new one.

Ⓑ

❼Kenta plays baseball.
❽He uses an old glove.
❾He wants a new one.

❹I have a new bicycle.
❺I go shopping on my bike every weekend.
❻I study Japanese every weekend, too.

❿Ms. King has a new bicycle.
⓫She goes shopping on her bike every weekend.
⓬She studies Japanese every weekend, too.

日本語訳

Ⓐ
❶ぼくは野球をします。
❷ぼくは古いグローブを使います。
❸ぼくは新しいものがほしいです。

❹私は新しい自転車を持っています。
❺私は毎週末，自転車で買いものに行きます。
❻私は毎週末，日本語の勉強もします。

Ⓑ
❼ケンタは野球をします。
❽彼は古いグローブを使います。
❾彼は新しいものをほしがっています。

❿キング先生は新しい自転車を持っています。
⓫彼女（かのじょ）は毎週末，自転車で買いものに行きます。
⓬彼女は毎週末，日本語の勉強もします。

解説

Ⓐの**❶**～**❻**の文は，主語が I の文です。**Ⓑ**の**❼**～**⓬**の文は，**❶**～**❻**の文の主語を 3 人称単数にかえた文です。Kenta, he, Ms. King, she はすべて 3 人称単数です。主語が 3 人称単数のときは，動詞の形が変わります。

❸ one は前に出てきた名詞をさします。a new one（新しいもの）は a new glove（新しいグローブ）のことです。

❺ bike は bicycle のことです。

❼ play は plays に変わります。plays の発音は［**プレ**イズ］です。

❽ use は uses に変わります。uses の発音は［**ユー**ズィズ］です。

❾ want は wants に変わります。wants の発音は［**ウォ**ンツ］です。

❿ have は has に変わります。主語が 3 人称単数のときは，have の代わりに has を使います。has の発音は［**ハ**ズ］です。この文を否定文にすると，Ms. King doesn't have a new bicycle.（キング先生は新しい自転車を持っていません）となります。

⓫ go は goes に変わります。goes の発音は［**ゴ**ゥズ］です。my（私の）が her（彼女の）に変わっていることにも注意しましょう。

⓬ study が studies に変わります。studies の発音は［**スタ**デイズ］です。

語句

□ glove［グラブ］	名 グローブ
▶ one［ワン］	代〔前に出た名詞をさして〕もの
□ **bike** = bicycle［バイク＝バイスィクル］	名 自転車
□ **weekend**［ウィーケンド］	名 週末
□ **has** < have［ハズ < ハヴ］	動〔主語が人の名前 he ／ she ／ it のときに have の代わりに使う〕～を持っている，～がある
□ **her**［ハー］	代 彼女の

🎧 Listen

Listen 英語を聞いて，内容に合う絵を選び，（　　）に番号を書こう。

▶キーワードを聞き取って，それをもとに絵を選びましょう。

🔑 Key Sentences

❶ Kenta **plays** baseball.　　ケンタは野球をします。

❷ He **doesn't play** tennis.　　彼はテニスをしません。

▶主語が I と you 以外で単数（3人称単数といいます）の場合は，動詞に s や es をつけます。

▶主語が3人称単数のときの一般動詞の否定文は，〈主語 + doesn't + 動詞の原形 〜 .〉の形で表します。doesn't は does not の短縮形です。❷の文の主語を I にすると，I don't play tennis.（私はテニスをしません）となります。

📦 Tool Kit

<u>Tom speaks English</u>, but <u>he doesn't speak Chinese</u>.

(訳) トムは英語を話しますが，中国語は話しません。

▶2つの文を but（しかし）でつなげた文です。

例 Tom（トム）	❶ Mr. Suzuki	❷ my sister	❸ my father
○ speak English	○ play the piano	○ read detective stories	○ watch soccer games
× speak Chinese	× play the guitar	× read love stories	× watch baseball games

❶ Mr. Suzuki plays the piano, but he doesn't play the guitar.

　　(訳) スズキ先生［さん］はピアノを弾きますが，ギターは弾きません。

❷ My sister reads detective stories, but she doesn't read love stories.

　　(訳) 私の姉［妹］は推理小説を読みますが，恋愛小説は読みません。

❸ My father watches soccer games, but he doesn't watch baseball games.

　　(訳) 私の父はサッカーの試合を見ますが，野球の試合は見ません。

(語句)

☐ Chinese［チャイニーズ］　名 中国語

☐ love stories < love story［ラブ／ストーリズ < ラブ／ストーリ］love story（恋愛小説）の複数形

🎧 Listen

Listen 3人の話を聞いて，その内容を別の人に伝える文をつくろう。

I like soccer. I play soccer every day.

例 Bob (likes) soccer.   He (plays) soccer every day.

❶ Bob (   ) (   ). He (   ) many comic books.

❷ Mei (   ) to the (   ) every Sunday. She (   ) tennis there.

❸ Ms. King (   ) (   ). She (   ) Japanese every weekend.

▶ メモを取りながら聞きましょう。メモはカタカナで書いてもかまいません。
▶ ❶の Bob，He，❷の Mei，She，❸の Ms. King，She はすべて3人称単数なので，動詞に s または es がつきます。

日本語訳
ぼくはサッカーが好きです。ぼくは毎日サッカーをします。
例　ボブはサッカーが(好きです)。彼は毎日サッカーを(します)。

❶ ボブは(　　　　　　　　　)。彼は多くのマンガ本を(　　　　　)。
❷ メイは日曜日ごとに(　　　　)に(　　　　　)。　彼女はそこでテニスを(　　　　　)。
❸ キング先生は(　　　　　　　　　)。彼女は毎週末，日本語を(　　　　)。

語句
□ there［ゼア］ 副 そこで

🎤 Speak

友達にインタビューをして，わかったことを他の人に伝えよう。

■日本語訳を参考にしてみよう。

例 Do you read books? — Yes, I do. I like detective stories.

訳 あなたは本を読みますか。— はい，読みます。私は推理小説が好きです。

	Do you ～?	答え	メモ
例	read books 本を読む	Yes / No	like detective stories 推理小説が好きだ
Q1	like sports スポーツが好きだ	Yes / No	
Q2	like music 音楽が好きだ	Yes / No	
Q3	（質問を考えよう）	Yes / No	

解説

▶ Q1では，「あなたはスポーツが好きですか」と質問します。もしケンタが Yes. と答えたら，Kenta likes sports. と伝え，No. と答えたら，Kenta doesn't like sports. と伝えます。doesn't は does not を短くした語（短縮形）です。

▶ Q2では，「あなたは音楽が好きですか」と質問します。もしアヤが Yes. と答えたら，Aya likes music. と伝え，No. と答えたら，Aya doesn't like music. と伝えます。

▶ Q3では，たとえば次のような質問をしてみましょう。

• Do you play the guitar?　　　　訳 あなたはギターを弾きますか。

• Do you speak English well?　　　訳 あなたは英語をじょうずに話しますか。

• Do you watch soccer games on TV?　訳 あなたはテレビでサッカーの試合を見ますか。

• Do you have breakfast every day?　訳 あなたは毎日，朝食を食べますか。

＊教科書 p.23の「質問」(Do you ～? の文) も参考にしてみよう。

Miyu doesn't like sports. She doesn't like running.
She likes music. She plays the clarinet.
She likes comics. She has many comic books.

日本語訳

ミユはスポーツが好きではありません。彼女は走ることが好きではありません。
彼女は音楽が好きです。彼女はクラリネットを演奏し［吹き］ます。
彼女はマンガが好きです。彼女はマンガ本をたくさん持っています。

解説

▶ミユにインタビューをしてわかったことをまとめたものです。

▶最初の文の主語は，インタビューした相手の名前にします。そのあとの文の主語は she または he にします。

▶すべて主語が3人称単数の文になるので，動詞には s または es をつけます。

▶否定文にするときは，〈主語 + doesn't + 動詞の原形〜.〉の形で表します。

▶主語が3人称単数のときは，have の代わりに has を使います。

語句

□ clarinet ［クラリネト］ 名 クラリネット

参考 主語が3人称単数の文

• **My grandmother** always gets up at five.

   訳 私の祖母はいつも5時に起きます。

• **That boy** runs very fast.

   訳 あの少年はとても速く走ります。

• **Our English teacher** comes from Australia.

   訳 私たちの英語の先生はオーストラリア出身です。

• **This bus** goes to Yokohama.

   訳 このバスは横浜に行きます。

• **My dog** has long ears.

   訳 私のイヌは長い耳をしています。

Activity 2　さまざまな人についてたずねる文を言ってみよう。　➡教科書 p.38

🎧 Listen & Read

ボブとアヤが，ボブの祖父母の写真を見ながら話しています。話の内容や，使われている英語の表現について考えてみよう。

Bob: ❶ This is my grandpa.　❷ He's 62 years old.

Aya: ❸ Oh, he has a lot of flowers.　❹ Does he like flowers?

Bob: ❺ Yes, he does.　❻ He runs a flower shop.

Aya: ❼ Sounds nice.　❽ I love flowers.

　　　 ❾ Does he grow flowers?

◯ 日本語訳

ボブ：❶これはぼくのおじいちゃん。❷彼は62歳だよ。

アヤ：❸わあ，彼は花をたくさん持ってるわね。❹彼は花が好きなの？

ボブ：❺うん，好きだよ。❻彼は花屋を経営しているんだ。

アヤ：❼すてき。❽私は花が大好き。❾彼は花を育てるの？

◯ 解説

❸主語が 3 人称単数なので，have ではなく has が使われています。

❹これは，He likes flowers.（彼は花が好きです）を疑問文にしたものです。主語が 3 人称単数のとき，一般動詞（be 動詞以外の動詞）の疑問文は，〈Does ＋ 主語＋動詞の原形 〜?〉の形になります。次の 2 つの文を比べてみましょう。

Do you like flowers?（あなたは花が好きですか）

Does he like flowers?（彼は花が好きですか）

❺❹の質問に対する返事です。does を使ってたずねているので，does や doesn't を使って答えます。doesn't は does not の短縮形でしたね。

Does he like flowers?　— Yes, he does.（はい，好きです）

　　　　　　　　　　　 — No, he doesn't.（いいえ，好きではありません）

❻主語が 3 人称単数なので，動詞が run ではなく runs になっています。この run は「走る」ではなく「〜を経営する」という意味です。

❼ これは That sounds nice.（それはすてきに聞こえます）の That を省略した文です。ここの sound は動詞で，〈sound + 形容詞〉で「〜に聞こえる，〜に思える」の意味になります。

　　例　Sounds interesting!（おもしろそうですね）

❾ ❹と同じく，主語が 3 人称単数の疑問文です。He grows flowers.（彼は花を育て［栽培し］ます）を疑問文にしたものです。

● ボブの祖父（その場にいない人）についてたずねたり答えたりするとき，どのような表現が使われているか抜き出してみよう。

話し相手についての 質問と答え	Do you like flowers?	Yes, I do. / No, I don't.
ボブの祖父についての 質問と答え（解答例）	(Does) he (like) flowers?	Yes, he (does). / No, he (doesn't).

▶ 主語が you から he に変わっているので，疑問文では Do の代わりに Does を使います。答えるときも，do ではなく does や doesn't を使います。

語句

□ grandpa［グランパー］　　　　　名 おじいちゃん

□ lot［ラト］　　　　　　　　　　名〔a lot of 〜 で〕たくさんの〜

▶ run(s)［ゥラン（ズ）］　　　　　動 〜を経営する

▶ sound(s)［サウンド（サウンズ）］　動 〜に聞こえる

□ grow［グロウ］　　　　　　　　動 〜を育てる

● [r]（アール）と [l]（エル）の発音について

　[r] ……口をすぼめ，舌の先を口の中のどこにもつけずにラ行の音で発音します。本書では，口をすぼめることを小さい「ゥ」で示しました。

　　　　例 right［ゥライト］　　rose［ゥロウズ］

　[l] ……舌の先を上の前歯のつけ根に当てて，ラ行の音で発音します。

　　　　例 like［ライク］　　　live［リブ］

➡教科書 p.39

Bob: ❶No, he doesn't. ❷But my grandma grows some flowers in her garden.

Aya: ❸What does she grow?

Bob: ❹I'm not sure, but roses and other ones. ❺This is another picture of my grandparents. ❻They are busy, but they enjoy their hobbies, for example, cooking and bonsai.

日本語訳

ボブ：❶いや，育てない。❷でもぼくのおばあちゃんは，庭で花を（いくらか）育てるよ。

アヤ：❸彼女は何を育てるの？

ボブ：❹確かではないけど，バラとそのほかのもの。❺これはぼくの祖父母の別の写真だよ。❻彼らは忙しいけど，彼らの趣味を楽しんでいるんだ，たとえば，料理とか盆栽とか。

解説

❶これは教科書 p.38の最後にあるアヤの質問（Does he grow flowers?）に対する返事です。does を使った質問には does や doesn't を使って答えます。

❷But（しかし）は「おじいちゃんは花を育てないけど」ということです。

❸「何を／彼女は育てますか」と考えます。次の2つの文を比べてみましょう。

　　What <u>do</u> you grow?（あなたは何を育てますか）

　　What <u>does</u> she grow?（彼女は何を育てますか）

❹I'm not sure, but ～. で「確かではありませんが，～」という意味を表します。sure は「確信して」という意味の形容詞です。roses and other ones は she grows roses and other ones を短く言ったものです。other は「ほかの」，ones は前に出た名詞の複数形をさします。other ones（ほかのもの）= other flowers（ほかの花々）ということです。

❺another は「別の，もう１つの」の意味で，次に名詞の単数形が続きます。other との違いに
　注意しましょう。grandparents は「祖父母 (grandpa and grandma)」を表します。

❻ 2つの文が but (しかし)で結ばれています。They は My grandparents のことです。hobbies
　は hobby (趣味)の複数形，for example は「たとえば」ということです。ボブは祖父母の趣
　味の例として cooking (料理)と bonsai (盆栽)をあげています。

語句

□ grandma［グランマー］　　　　　　　　　名 おばあちゃん

□ **garden**［ガードン］　　　　　　　　　　名 庭

□ **sure**［シュア］　　　　　　　　　　　　形 確信して

□ rose(s)［ゥロウズ(ゥロウズィズ)］　　　名 バラ

□ **other**［アザ］　　　　　　　　　　　　形 ほかの

□ **another**［アナザ］　　　　　　　　　　形 別の

□ **busy**［ビズィ］　　　　　　　　　　　形 忙しい

□ **their**［ゼア］　　　　　　　　　　　　代 彼らの

□ hobbies ＜ **hobby**［ハビズ ＜ ハビ］　名 趣味

□ **example**［イグザンプル］　　　　　　　名 例

Practice ✏

51

🔑 Key Sentences

❶ Does Kenta **play** tennis?　ケンタはテニスをしますか。

❷ — No, he **doesn't**.　　　　—いいえ，しません。

❸ He plays baseball.　　　　彼は野球をします。

▶主語が I と you 以外で単数（3 人称単数といいます）の場合は，do や don't ではなく does や doesn't を使います。主語が 3 人称単数のとき，一般動詞の疑問文は，たとえば❶のようになります。

▶答えるときは，〈Yes, 主語を表す代名詞 + does.〉または❷のように〈No, 主語を表す代名詞 + doesn't.〉とします。

▶❸の文を否定文にすると，次のようになります。

He doesn't play baseball.（彼は野球をしません）

📦 Tool Kit

Does **Saki study math** every day?　　訳 サキは毎日，数学を勉強しますか。

— No, she doesn't. But she **studies English** every day.

訳 —いいえ，しません。でも彼女は毎日，英語を勉強します。

例 **Saki** × study math ○ study English	❶ **Bill**（ビル） × study science ○ study Japanese	❷ **your sister** × play the piano ○ play the trumpet	❸ **your brother** × go jogging ○ go swimming

❶　Does Bill study science every day?

　　— No, he doesn't. But he studies Japanese every day.

　　訳 ビルは毎日，理科を勉強しますか。

　　　— いいえ，しません。でも彼は毎日，日本語を勉強します。

❷　Does your sister play the piano every day?

　　— No, she doesn't. But she plays the trumpet every day.

　　訳 あなたのお姉さん［妹さん］は毎日，ピアノを弾きますか。

　　　— いいえ，弾きません。でも彼女は毎日，トランペットを吹きます。

❸ Does your brother go jogging every day?

— No, he doesn't. But he goes swimming every day.

訳 あなたのお兄さん［弟さん］は毎日，ジョギングに行きますか。

— いいえ，行きません。でも彼は毎日，泳ぎに行きます。

▶主語が「人」のときは，答えの文の主語を he や she にします。

▶主語が「もの」のときは，答える文の主語を it にします。

語句

☐ trumpet［トランペト］ 名 トランペット

☐ jogging［ヂャギング］ 名 ジョギング

参考

Does this bus go to Yokohama?（このバスは横浜に行きますか）

— Yes, **it** does.（はい，行きます）／ No, **it** doesn't.（いいえ，行きません）

🎧 Listen

Listen ダン（Dan）とミユが，ダンの父親について話しています。その内容に合う絵を◯で囲もう。

Ⓐ  Ⓑ  Ⓒ  Ⓓ

▶絵にある食べ物や，時を表す語句に注意して聞きましょう。

🎤 Speak

Speak ダンの父親（Dan's father）についてわかったことを，下の単語を使って言ってみよう。

eat like make

語句 eat［イート］ 動 食べる

like［ライク］ 動 ～を好む，～が好きである

make［メイク］ 動 ～をつくる

▶ダンの父親（Dan's father）は3人称単数なので，動詞に s または es がつきます。

→教科書 p.41

💬 Speak

表の中のだれかを頭の中で選ぼう。友達に質問して，相手がだれを選んだか当てよう。

Sho	Kana	Tom（トム）
play soccer	play the piano	play tennis
Elly（エリー）	**Dan**	**Miyu**
play basketball	play the guitar	play tennis
Haruto	**Liz**（リズ）	**Jin**
play baseball	dance	play the piano
Amy（エイミー）	**Makoto**	**Kumi**
play the guitar	do kendo	do judo

例 A: ❶Is that a boy or a girl?

B: ❷A girl.

A: ❸Does she play any sports?

B: ❹No, she doesn't.

A: ❺Does she play the guitar?

B: ❻No, she doesn't.

A: ❼Does she play the piano?

B: ❽Yes, she does.

A: ❾Is she Kana?

B: ❿That's right.

日本語訳

A：❶それは男の子ですか，女の子ですか？

B：❷女の子です。

A：❸彼女はスポーツを何かしますか？

B：❹いいえ，しません。

A：❺彼女はギターを弾きますか？

B：❻いいえ，弾きません。

A：❼彼女はピアノを弾きますか？

B：❽はい，弾きます。

A：❾彼女はカナですか？

B：❿そのとおりです。

解 説

❶ この that は出題者が頭の中に思い浮かべた人をさすので，「あれ」ではなく「それ」と訳すのがよいでしょう。〜 or … は「〜または…」なので，Is that a boy or a girl? は「それは男の子ですか，それとも女の子ですか」という意味になります。

例 Is that your bike or your sister's bike?

訳 あれはあなたの自転車ですか，（それとも）あなたのお姉さん［妹さん］の自転車ですか。

❸ any sports は「何かスポーツを」ということです。

❾「女の子」「スポーツをしない」「ギターを弾かない」「ピアノを弾く」という4つのヒントから，Aは「彼女はカナですか」と言っています。

❿ That's right. は You're right. と言っても同じです。

 Speak

教科書の登場人物についてのクイズを3つつくって，友達に出題してみよう。

例 Does Bob's grandfather enjoy cooking?

— Yes, he does.

訳 ボブの祖父は料理（すること）を楽しみますか？

— はい，楽しみます。

▶ 主語は Bob's grandfather で，3人称単数です。答えるときは主語を he にします。

▶「いいえ，楽しみません」と答えるときは，No, he doesn't. とします。

▶ Bob's 〜 は「ボブの〜」という意味ですが，「私の祖父母の〜」という場合は my grandparents' 〜 と書きます。s で終わる名詞の複数形に「〜の」を表すアポストロフィ（'）をつけるときは，〜s' とすることを覚えておきましょう。

例 my grandparents' garden 「私の祖父母の庭」

the teachers' room　　　　「先生たちの部屋」→「職員室，教員室」

🎧📖 Listen & Read

ソフィアのスピーチのよいところはどこか考えて，友達と話し合おう。

❶Hello, everyone.　❷I will tell you about Karin.

❸She is a soccer player.

❹She is a member of the Tohoku Kickers.

❺Look at this picture.

❻She is not tall, but her performance is fantastic!

❼She wants to play in the U.S.

❽She practices soccer and studies English hard for her dream.

❾I play soccer, too.　❿I want to play soccer with her.

⓫Thank you.

⬤ 日本語訳

❶こんにちは，皆さん。❷私は皆さんにカリンについて話します。

❸彼女はサッカーの選手です。

❹彼女は東北キッカーズのメンバーです。

❺この写真を見てください。

❻彼女は背が高くありませんが，彼女のパフォーマンスはすばらしいものです！

❼彼女はアメリカ合衆国でプレーしたいと思っています。

❽彼女は，彼女の夢のために一生懸命にサッカーを練習し，英語を勉強します。

❾私もサッカーをします。❿私は彼女といっしょにサッカーをしたいです。

⓫ありがとう。

⬤ 解説

❷I will 〜 . は「私は〜するつもりです」という「意志」を表します。

❺動詞で始まっているので，「〜しなさい，〜してください」と指示する文です。look at 〜 は

「〜を見る」という意味です。see との違いに注意しましょう。

see 〜：自然に目に入ってくるものを見る

look at 〜：視線を向けて意識的に見る

❻performance には「パフォーマンス」のほかに「上演，演奏，演技」などの意味があります。

❼❽主語の She が3人称単数なので，動詞はそれぞれ wants，practices，studies になっています。study → studies に注意しましょう。❽の for her dream は「彼女の夢のために」ということです。

⓫スピーチの最後の Thank you. は「聞いてくれてありがとう」ということです。

語句

□ **everyone**［エヴリワン］ 代 皆さん

□ **will**［ウィル］ 助 〜するつもりです

□ **tell**［テル］ 動 〜に話す

□ **member**［メンバ］ 名 一員

□ **tall**［トール］ 形 (背が)高い

□ **performance**［パフォーマンス］ 名 パフォーマンス

□ **U.S.**［ユー／エス］ 名 (= United States)［ユーナイティド／ステイツ］〔the をつけて〕アメリカ合衆国

Tohoku Kickers 東北キッカーズ

Tips　スピーチの組み立て方

❶最初にあいさつをする。

例 Hello. / Hi. 訳 こんにちは。／(軽いあいさつ)こんにちは。

❷説明したい人がどんな人かを述べる。

例 I will tell you about Saori. She is a great actor.

訳 私は皆さんにサオリについて話します。彼女はすばらしい俳優です。

❸その人のことで紹介したいことを述べる。

例 She is in the movie *The Three Pianists*. She plays one of the pianists.

訳 彼女は映画『3人のピアニスト』に出ています。彼女はピアニストの一人を演じます。

▶ She is in 〜 . (彼女は〜の中にいます) は「彼女は〜に出演している」の意味です。

▶ play(s) は「演じる」という意味です。

❹終わりのことばを言う。

例 I want to meet her. Thank you.

訳 私は彼女に会いたいです。ありがとう。

語句 □ **actor**［アクタ］ 名 俳優

✎ **Write**　だれを紹介するか決めて話す内容を考え，メモを書いてみよう。
　　　　　　教科書 p.46〜47の資料も参考にしてみよう。

■日本語訳を参考にしてみよう。

❶紹介する人　　　　　　　例 Takanashi Sara　　　　訳 高梨沙羅

❷その人物の職業　　　　　例 a professional ski jumper　訳 プロのスキー・ジャンプ選手

❸紹介したいこと　　　　　例 (1) a great jumper　　　訳 すばらしいジャンプ選手

　　　　　　　　　　　　　例 (2) can speak English well 訳 英語をじょうずに話すことができる

❹最後に述べることば　　　例 I hope she will win the next competition.

　　　　　　　　　　　　　　　訳 私は彼女が次の競技会で勝つといいなと思います。

　　　　　　　　　　　I want to be a great jumper like her.

　　　　　　　　　　　　　　　訳 私は彼女のようなすばらしいジャンプ選手になりたいです。

▶ I hope 〜 . は「私は〜であることを望む」の意味です。未来のことを望むときは，I hope 〜
will .... （私は〜が…するといいなと思う）のように表します。

語句

☐ **professional** ［プロフェショナル］　形 プロの，職業上の

☐ **jumper** ［ヂャンパー］　　　　　　名 ジャンプ競技選手

☐ **hope** ［ホウプ］　　　　　　　　　動 〜と望む

☐ **win** ［ウィン］　　　　　　　　　　動 勝つ

☐ competition ［カンペティション］　名 競技会

→教科書 p.45

🎤 **Presentation**

■日本語訳を参考にしてみよう。

例 I don't know much about Karin.　　訳 私はカリンについてあまり知りません。

　― Really? She is popular. I like her.

　　　　　　　　　　　　　　訳 ―本当？　彼女は人気があります。私は彼女が好きです。

例 He [She] is a good singer.　　　　訳 彼 [彼女] はじょうずな歌手です。

　　He [She] dances very well, too.　訳 彼 [彼女] は踊りもとてもじょうずです。

▶上の文は，He [She] sings well. と言いかえられます。

▶下の文は，He [She] is a very good dancer, too. と言いかえられます。

語句 ☐ **know** ［ノウ］　　動 知っている

Activity 3 参考資料 ➡教科書 pp.46－47

Who Is Your Favorite Person?

あなたのお気に入りの人はだれですか。

■教科書の英文と日本語訳を比べてみよう。

羽生 結弦
<small>はにゅう ゆづる</small>

出生日：1994年12月7日

出身地：宮城

彼はすばらしいフギュアスケート選手です。

彼はオリンピックの金メダルを2個持っています(2014年と2018年)。

彼は多くの種類の美しいジャンプを演じることができます。

▶「出生日，生年月日」は〈月　日，年〉のように並べます。

▶年号の1994は，2けたずつに分けて nineteen ninety-four［**ナインティーン／ナインティ／フォー**］
と読みます。

石川佳純
<small>いしかわ か すみ</small>

出生日：1993年2月23日

出身地：山口

彼女はプロの卓球選手です。

彼女は2つのオリンピックで，日本の卓球チームの選手としてプレーしました。

彼女は本当に鋭いスマッシュを打つことができます。

▶ play for ～ team「～のチームの選手としてプレーする」

大坂なおみ
<small>おおさか</small>

出生日：1997年10月16日

出身地：大阪

彼女はすばらしいテニス選手です。

彼女はとても力強い速球をサーブする［出す］ことができます。

彼女は英語と日本語を話します。

藤井聡太
<small>ふじ い そう た</small>

出生日：2002年7月19日

出身地：愛知

彼はプロの棋士(= 将棋をさす人)です。

彼は日本の最強棋士たちを負かすことができます。

彼は29連勝の記録を持っています。

▶年号の2002は，two thousand (and) two［**トゥー／サウザンド／(アンド)トゥー**］と読みます。

■日本語訳を参考にしてみよう。

1. 一般動詞には，どんなものがある？

(1) 体の動き，動作，行動を表す動詞

go 行く ／ come 来る ／ study （～を）勉強する ／ read （～を）読む ／
write ～を書く ／ have ～を持っている ／ live 住んでいる ／
play （スポーツ・ゲーム）をする，（楽器を）弾く　　など

(2) 気持ちや心の働きを表す動詞

like　～を好む ／ love ～を愛する ／ think ～と思う，考える ／ feel （～を）感じる ／
know （～を）知っている　　など

2. 一般動詞につく s, es

Kenta likes baseball.　　　　　　　　訳 ケンタは野球が好きです。
Ms. King teaches English in Japan.　　訳 キング先生は日本で英語を教え（てい）ます。

3. 一般動詞の s, es のつけ方

(1) like ― likes ～を好む ／ live ― lives 住んでいる

(2) wash ― washes ～を洗う ／ teach ― teaches ～を教える

(3) try ― tries （～を）試す ／ study ― studies ～を勉強する

(4) play ― plays （スポーツ・ゲーム）をする，（楽器）を弾く ／ buy ― buys ～を買う

(5) go ― goes 行く ／ do ― does ～をする

(6) have ― has ～を持っている，～を食べる，～を経験する

4. 「1つ（単数）」なのか「2つ以上（複数）」なのか ― 名詞につく s, es

(1) 数えられる名詞（単数形）

a pen ペン ／ a book 本 ／ a cat ネコ ／ a desk 机　　など

(2) ふつう数えられない名詞

water 水 ／ air 空気 ／ salt 塩　　など

(3) 「複数であること」の表し方（複数形）

a pen → pens ペン ／ a box → boxes 箱

5. 複数形のつくり方

(1) dog — dog**s** イヌ ／ apple — apple**s** リンゴ

(2) box — box**es** 箱 ／ lens — lens**es** レンズ ／ dish — dish**es** 皿

bench —bench**es** ベンチ

(3) knife — kni**ves** ナイフ ／ life — li**ves** 命 ／ leaf — lea**ves** 葉 　　(f, fe → ves)

(4) baby — bab**ies** 赤ちゃん ／ city —cit**ies** 都市 ／ lady — lad**ies** 婦人 (y → i + es)

(5) toy — toy**s** おもちゃ ／ monkey — monkey**s** サル

(6) piano — piano**s** ピアノ ／ photo — photo**s** 写真

tomato — tomato**es** トマト

potato — potato**es** ジャガイモ

6.「私」を表す 2 つの形

(1) 主語として使う場合の「私」：I

　I like tennis. 　　　　　　　　　　　　**訳** 私はテニスが好きです。

(2) 主語以外で使う場合の「私」

My mother often plays tennis with **me**. **訳** 母はよく私とテニスをします。

7. 主語として使う，主語以外で使う「あなた」「彼<ruby>彼<rt>かれ</rt></ruby>」など

	主語	主語以外		主語	主語以外
私	I	me （私を [に]）	私たち	we	us （私たちを [に]）
あなた (たち)	you	you （あなた (たち) を [に]）	その人たち	they	them （彼ら [彼女ら] を [に]）
彼	he	him （彼を [に]）	もの（1 つ）	it	it （それを [に]）
<ruby>彼女<rt>かのじょ</rt></ruby>	she	her （彼女を [に]）	もの（2 つ以上）	they	them （それらを [に]）

Write about your summer vacation!
あなたの夏休みについて書きましょう。

What did you do in your summer vacation?
あなたは夏休みに何をしましたか。

➡教科書 pp.52−53

Part 1

Goal 過去のできごとについて伝えよう。
メイが夏休みの思い出を日記に書きました。

❶August 15th

❷Sunny

❸This evening, Aya and I went to the summer festival in the park.

❹We saw a lot of food stalls. ❺Aya ate fried noodles, *yakisoba*, but I didn't eat any. ❻Instead, I ate shaved ice.

❼We danced to Japanese music with many people. ❽*Bon-odori* wasn't so difficult.

❾After that, we walked to the riverbank. ❿Soon, the fireworks started. ⓫They were just beautiful! ⓬We had a wonderful evening.

日本語訳

❶8月15日

❷晴れ

❸今晩，アヤと私は公園の夏祭りに行きました。

❹私たちは多くの食べもの屋台を見かけました。❺アヤは焼きそばを食べましたが，私は何も食べませんでした。❻その代わりに，私はかき氷を食べました。

❼私たちは多くの人たちといっしょに，日本の音楽に合わせて踊りました。
❽盆踊りはそれほど難しくありませんでした。

❾そのあと，私たちは川岸まで歩きました。❿すぐに，花火が始まりました。
⓫それらは本当に美しかったです。⓬私たちはすばらしい晩を過ごしました。

解説

❸evening は「夕方，晩」の意味で，ふつう日没から寝るまでの時間をいいます。night は day
（昼間）以外の時間帯，つまり日没から日の出までの間をさします。

❹saw は see の過去形，a lot of ～ は「多くの～」の意味を表します。

❺ate は eat の過去形です。fried noodles は「油で揚げた麺類」の意味で，「焼きそば」を英語
で説明したものです。didn't eat any は「何も食べなかった」の意味で，この any は代名詞で，
any food のことです。didn't は did not の短縮形です。

❻Instead（その代わりに）は「食べものは何も食べなかった代わりに」ということです。shaved
ice は「薄く削られた氷」という意味で，「かき氷」を表しています。

❼danced to ～ は「～に合わせて踊った」という意味です。

❽wasn't は was not の短縮形です。so（そんなに，とても）は，否定文で使うと「それほど（～
ない）」という意味になります。

❾After that（そのあと）は，「盆踊りを踊ったあと」ということです。

❿soon は「すぐに，まもなく，近いうちに」などを表しますが，時間の幅があいまいなので，
はっきりと「すぐに」と言いたいときは very soon などとします。

⓫just はここでは「まさに，本当に」という意味で，beautiful を強調しています。

⓬had は have（～を経験する，～を過ごす）の過去形です。

📖 Words & Phrases

□ **evening**［イーヴニング］	名 夕方，晩
stall(s)［ストール（ズ）］	名 屋台
fried noodle(s)［フライド／ヌードル（ズ）］	名 焼きそば
didn't ← did not［ディドント ← ディド／ナト］	
□ **instead**［インステド］	副 その代わりに
wasn't ← was not［ワズント ← ワズ／ナト］	
□ **difficult**［ディフィカルト］	形 難しい，困難な
□ **riverbank**［ゥリヴァバンク］	名 川岸
□ **soon**［スーン］	副 すぐに，じきに
□ **were**［ワー］	動 are の過去形
□ **just**［ヂャスト］	副〔強意的に〕まさに，本当に
□ **had** < have［ハド < ハヴ］	動 have（～を経験する，過ごす）の過去形

📖 Question

メイは何を食べましたか。

ヒント ❻に I ate shaved ice. と書かれています。

解答例 かき氷（を食べました）。

🔑 Key Sentences

I **ate** shaved ice.	私はかき氷を食べました。
It **was** delicious.	それはおいしかったです。
I **didn't eat** fried noodles.	私は焼きそばを食べませんでした。

▶「～した」を表すには，一般動詞の過去形を使います。ate は eat の過去形です。

▶「～だった」を表すには，be 動詞の過去形（was, were）を使います。was は am と is の過去形，were は are の過去形です。

▶「～しなかった」は didn't ～ で表し，「～ではなかった」は wasn't ～ や weren't ～ で表します。

🧊 Tool Kit

I **got up early** yesterday.　　　**訳** 私は昨日，早く起きました。

例 get up early	❶ go to Kyoto	❷ do my homework	❸ have dinner with my grandma
			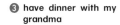

解答例

❶　I went to Kyoto yesterday.　　　**訳** 私は昨日，京都に行きました。

❷　I did my homework yesterday.　　　**訳** 私は昨日，宿題をしました。

❸　I had dinner with my grandma yesterday.　　　**訳** 私は昨日，おばあちゃんといっしょに夕食を食べました。

語句

got ＜ get［ガト ＜ ゲト］　**動** get（（ある状態に）なる）の過去形

get up　　　起きる

yesterday［**イェ**スタディ］　**副** 昨日

do my homework　　　私の宿題をする

🎧 Listen

Listen Sho の昨日の様子を聞いて，したことに〇を，しなかったことに×を（　　）に書こう。

▶ Sho（ショウ）が昨日何をしたか，動詞の過去形に注意して聞き取りましょう。

🧠 Think & Try!

■日本語訳を参考にしてみよう。

アヤになりきって，夏祭りのことを英文日記に書いてみよう。

例 This evening, Mei and I went to the summer festival in the park.

日本語訳

今晩，メイと私は公園の夏祭りに行きました。

ヒント

日記の書き手はアヤなので，I はアヤをさしています。

🔊 音のつながり

We saw a_lot_of food stalls.　［ウィー　ソー　アラタヴ　フードストールズ］

（私たちは多くの食べもの屋台を見かけました）

Part 2 過去のできごとについてたずねよう。

ボブとメイが，お互いの夏休みについて話しています。

Mei: ❶Long time no see! ❷Were you back in America during the summer vacation?

Bob: ❸Yes, I was. ❹How about you? ❺Did you go back to Singapore?

Mei: ❻No, I didn't. ❼I stayed here.

Bob: ❽Did you enjoy your summer vacation?

Mei: ❾Yes, very much. ❿Aya and I went to the summer festival. ⓫We enjoyed it a lot. ⓬How was your summer vacation?

Bob: ⓭It was great. ⓮I went to Yellowstone.

Mei: ⓯Yellowstone?

Bob: ⓰Yes. ⓱It's a national park.

日本語訳

メイ：❶久しぶり！ ❷夏休みの間にアメリカに戻っていたの？

ボブ：❸うん，戻ってたよ。❹きみはどう？ ❺シンガポールに帰ったの？

メイ：❻いいえ，帰らなかった。❼私はここにいたの。

ボブ：❽きみは夏休みを楽しんだ？

メイ：❾ええ，とても。❿アヤと私は夏祭りに行ったわ。⓫すごく楽しかった。⓬あなたの夏休みはどうだった？

ボブ：⓭すばらしかった。⓮ぼくはイエローストーンに行ったよ。

メイ：⓯イエローストーン？

ボブ：⓰そう。⓱それは国立公園だよ。

解説

❶「長い間会っていない」ということで，日本語の「久しぶりですね」にあたります。親しい人同士で使う，くだけた表現です。

❷Were you ～? は「あなたは～でしたか[にいましたか]」という，be 動詞の過去形を使った疑問文です。be 動詞を使った疑問文では，be 動詞を主語の前に置きます。

❸Were you ～? とたずねられたら，Yes, I was. または No, I wasn't. と答えます。were は are の過去形，was は am と is の過去形です。

❺一般動詞を使った過去の疑問文は，〈Did ＋ 主語＋動詞の原形 ～?〉の形で表します。❽も同じです。go back to ～ は「～に帰る，～に戻る」ということです。

❻Did you ～? とたずねられたら，Yes, I did. または No, I didn't. と答えます。

❼here (ここに) は「日本に」ということです。

❾very much は I enjoyed my summer vacation very much. (私は夏休みを大いに楽しんだ)を短く言ったものです。

⓫it は the summer festival をさします。a lot は「たくさん」の意味で，very much に言いかえられます。

⓬How was ～? (～はどうでしたか)という疑問文は，感想をたずねるときに使います。

Words & Phrases

Long time no see. [ロング／タイム／ノウ／スィー] 久しぶり。

□ **back** [バク]　　　　　　　　　副 (元のところに)戻って，帰って

□ **during** [デュアリング]　　　　前 ～の間に

□ **go back to ～** [ゴゥ／バク／トゥー]　～へ帰る

□ **stay(ed)** [ステイ(ド)]　　　　動 滞在する，とどまる

□ a lot [ア／ラト]　　　　　　　　たくさん

Yellowstone [イェロウストゥン]　名 イエローストーン

□ **national** [ナショナル]　　　　形 国の

national park [ナショナル／パーク]　名 国立公園

Question

メイは夏休みに，シンガポールに帰りましたか。

ヒント ❺の質問に対して，メイは No, I didn't. と答えています。

解答例 帰りませんでした。

🔑 Key Sentences

Were you in Japan during the summer vacation**?**

あなたは夏休みの間に日本にいましたか。

— Yes, I **was**. / No, I **wasn't**.　—はい，いました。／いいえ，いませんでした。

Did you go back to America**?**　あなたはアメリカに帰りましたか。

— Yes, I **did**. / No, I **didn't**.　—はい，帰りました。／いいえ，帰りませんでした。

▶ be 動詞を使った疑問文では，be 動詞を主語の前に置きます。Were you 〜？は「あなたは〜でしたか [にいましたか]」という意味になります。

▶ Were you 〜？とたずねられたら，Yes, I was. または No, I wasn't. と答えます。

▶一般動詞を使った疑問文では，did を主語の前に置きます。〈Did + 主語 + 動詞の原形 〜？〉という形になります。

▶ Did you 〜？とたずねられたら，Yes, I did. または No, I didn't. と答えます。

📦 Tool Kit

Did you **go to the festival** during the summer vacation? — **Yes**, I did.

訳 あなたは夏休みの間にお祭りに行きましたか? — はい，行きました。

例 go to the festival / Yes　❶ play with fireworks / Yes　❷ see a movie / No　❸ go swimming / No

❶ Did you play with fireworks during the summer vacation? — Yes, I did.

訳 あなたは夏休みの間に花火で遊びましたか。— はい，遊びました。

❷ Did you see a movie during the summer vacation? — No, I didn't.

訳 あなたは夏休みの間に映画を見ましたか。— いいえ，見ませんでした。

❸ Did you go swimming during the summer vacation? — No, I didn't.

訳 あなたは夏休みの間に泳ぎに行きましたか。— いいえ，行きませんでした。

語句

play with 〜　〜で遊ぶ

🎧 Listen

Listen Liz と Haruto の会話を聞いて，Liz が夏休みにしたことを〇で囲もう。

▶過去のことをたずねる文を，メモを取りながら聞きましょう。

🧠 Think & Try!

■日本語訳を参考にしてみよう。

次の会話を演じてみよう。
最後のメイのセリフは，Part 1 の日記をヒントにして，自由に言ってみよう。

Mei: Were you back in America during the summer vacation?

Bob: Yes, I was. How about you? Did you go back to Singapore?

Mei: No, I didn't. I stayed here.

Bob: Did you enjoy your summer vacation?

Mei: _____.

日本語訳

メイ：あなたは夏休みの間にアメリカに戻っていたの？

ボブ：うん，戻ってたよ。きみはどう？　シンガポールに帰ったの？

メイ：いいえ，帰らなかった。私はここにいたの。

ボブ：きみは夏休みを楽しんだ？

メイ：＿＿＿＿＿＿＿＿＿＿＿＿＿＿＿＿＿＿＿＿＿＿＿＿＿＿＿＿＿。

🔊 **発音**

[s] see ［スィー］, sing ［スィング］, Singapore ［スィンガポー］

[ʃ] she ［シー］, shop ［シャプ］, shrine ［シュライン］

語句 shrine　名 神社

Part 3　　過去のさまざまな情報を理解しよう。
ボブがイエローストーンについて書いたブログです。

❶ Updated: August 20th

❷Yesterday, my parents, my sister and I came to Yellowstone National Park. ❸We built a tent and slept in it last night. ❹We saw buffaloes this morning near our tent!

❺After lunch, we saw geysers. ❻Water shot out about every 90 minutes. ❼Look at this picture. ❽Cool, huh? ❾It was kind of scary, too!

日本語訳

❶更新：8月20日

❷昨日，両親と姉［妹］とぼくはイエローストーン国立公園に来ました。❸ぼくたちはテントを組み立てて，昨夜その中で眠りました。❹ぼくたちのテントの近くで，けさバッファローを見ました。

❺昼食のあと，ぼくたちは間欠泉を見ました。❻お湯が約90分ごとに噴き出しました。❼この写真を見てください。❽かっこいいでしょ。❾それはちょっと怖くもありました。

解説

❷「AとBとC」と言うときは，A, B (,) and C のようにします。came は come の過去形です。Yellowstone National Park は固有名詞なので，単語の最初が大文字になっています。

❸built は build の過去形で，built a tent で「テントを組み立てた」の意味になります。slept は sleep の過去形です。in it（その中で）は in the tent と言いかえられます。last は「この前の」という意味で，last week なら「先週」，last year なら「去年」ということです。

❹saw は see の過去形です。see は「～が見える，～が目に入る」を表す動詞です。

❻water は温度に関係なく「水」を表す語です。「冷たい水」は cold water，「熱い水」は hot water といいます。shot は shoot（噴出する）の過去形です。

❾〈kind of ＋ 形容詞〉で「ある程度［ちょっと］～」の意味を表します。too（～もまた）がついているので，「（かっこよかったけれど）怖くもあった」という意味になります。

Words & Phrases

□ update(d)［アプデイト（アプデイティド）］　動 更新する

□ **yesterday**［イェスタディ］　副 昨日

□ **parent(s)**［ペアレント（ペアレンツ）］　名 親，（複数形で）両親

□ **came** ＜ come［ケイム ＜ カム］　動 come（来る）の過去形

□ built ＜ **build**［ビルト ＜ ビルド］　動 build（～を組み立てる）の過去形

□ tent［テント］　名 テント

　build a tent　テントを組み立てる

□ slept ＜ **sleep**［スレプト ＜ スリープ］　動 sleep（眠る，寝る）の過去形

□ **last**［ラスト］　形 この前の

□ last night［ラスト／ナイト］　昨夜

　buffalo(es)［バファロウ（ズ）］　名 バッファロー

　geyser(s)［ガイザ（ズ）］　名 間欠泉

　　（一定の時間をおいて熱湯や水蒸気を噴出する温泉）

□ shot ＜ shoot［シャト ＜ シュート］　動 shoot（噴出する）の過去形

□ **out**［アウト］　副 外へ

　shoot out［シュート／アウト］　噴き出す

□ **minute(s)**［ミニト（ミニツ）］　名 （時間の）分

　huh［ハ］　間 （文尾で）～だろう

　Cool, huh?［クール／ハ］　かっこいいだろう。

　kind of ～［カインド／アヴ］　ちょっと～

□ scary［スケアリ］　形 怖い，恐ろしい

 ## Listen

Listen Miyu の夏休みについてのスピーチを聞いて，もう一度したいと思っていることを書こう。
　　　　［　　　　　　　　　　　］

▶不規則に変化する動詞の過去形に注意して，Miyu（ミユ）がもう一度したいと思っていること
を聞き取りましょう。

71

→教科書 p.57

 ❷ **Emily says:**

❶ August 22nd at 10:16 a.m.

❸ The buffaloes didn't attack you. ❹ You were lucky!!

 ❻ **Jack says:**

❺ August 24th at 8:05 p.m.

❼ We have geysers like this in our country, too. ❽ Come to New Zealand!

 ❿ **Mei says:**

❾ August 25th at 8:34 a.m.

⓫ Great photos!! ⓬ That geyser shoots up so high!

 ⓮ **Pedro says:**

⓭ August 28th at 1:01 p.m.

⓯ Did you see any other animals?

_____ says: _____

日本語訳

❶ 8月22日，午前10時16分

❷ エミリーは言っています：

❸ そのバッファローはあなたたちを襲いませんでした。❹ あなたたちは幸運でしたね‼

❺ 8月24日，午後8時5分

❻ ジャックは言っています：

❼ ぼくたちの国にも，このような間欠泉があります。❽ ニュージーランドに来てください！

❾ 8月25日，午前8時34分

❿ メイは言っています：

⓫ すばらしい写真‼ ⓬ その間欠泉はずいぶん高く噴き上がるのですね！

⓭ 8月28日，午後1時1分

⓮ ペドロは言っています：

⓯ あなたはほかの動物を何か見ましたか？

解説

❶❺❾⓭ 発言した日付と時刻を示しています。a.m. は「午前」，p.m. は「午後」を表します。

❷❻❿⓮「〜は (次のように) 言っています」という意味です。say は「〜と [を] 言う」の意味の動詞ですが，主語が 3 人称単数なので says となっています。says の発音は [セズ] です。

❸「〜しなかった」という過去の否定文です。you はここでは「あなたたち」をさしています。

❹ were は are の過去形です。「襲われなくて幸運だったね」と言っています。

❼ We have 〜 in our country. は「私たちの国には〜がある」のように訳すと，自然な日本語になります。like は前置詞で「〜のような」を表します。

❽ 動詞で始まっているので，「〜しなさい，〜してください」と誘っている文です。

⓬ shoot up は「噴き上がる」という意味です。so high は very high とほぼ同じ意味ですが，話し手の感情がより強く表れています。

⓯「〜しましたか」という過去の疑問文です。any は疑問文では「何か」の意味になります。any other animals で「ほかの動物を何か」ということです。

Words & Phrases

□ **a.m.** [エイ／エム] 副 午前
　Emily [エミリ] 名 エミリー(女の人の名)
□ **say(s)** [セイ(セズ)] 動 〜と [を] 言う
□ **attack** [アタク] 動 〜を襲う

□ **lucky** [ラキ] 形 幸運な
□ **p.m.** [ピー／エム] 副 午後
　Jack [ヂャク] 名 ジャック(男の人の名)
　shoot up [シュート／アプ] 噴き上がる

Question

ボブたちは朝，テントのそばで何を見ましたか。

ヒント　教科書 p.56の 6 〜 8 行目に，We saw buffaloes 〜！と書かれています。

解答例　バッファロー (を見ました)。

Think & Try!

上のボブのブログに，あなた自身のコメントを書いてみよう。

例　Lucky you!　いいなあ！
　　Wonderful view!　すごい景色！
　　I want to go there, too!　私もそこへ行きたい！

語句　view [ヴュー] 名 景色

 発音
say [セイ] − says [セズ]

📖 本文の内容に合うように, (　　) に適切な語を書こう。

　　Aya and Mei 1(　　　　　) to the summer festival. Aya 2(　　　　) fried noodles, but Mei 3(　　　　) eat any. They 4(　　　　) to Japanese music. They saw the 5(　　　　　) at the riverbank. They 6(　　　) beautiful.

　　Bob went to Yellowstone with his family. They 7(　　　) a tent and 8(　　　) in it.

解答と解説

1 (went)　　「…は〜に行った」という過去の文にします。go の過去形が入ります。

2 (ate)　　「…は〜を食べた」という過去の文にします。eat の過去形が入ります。

3 (didn't)　「メイは何も食べなかった」という過去の否定文にします。did not の短縮形が入ります。

4 (danced)　「…は〜に合わせて踊った」という過去の文にします。dance の過去形が入ります。

5 (fireworks)「花火」を表す語の複数形が入ります。

6 (were)　　「…は〜だった」という過去の文です。be 動詞 are の過去形が入ります。

7 (built)　　「テントを組み立てた」という過去の文にします。build の過去形が入ります。

8 (slept)　　「…は眠った」という過去の文にします。sleep の過去形が入ります。

日本語訳

　アヤとメイは夏祭りに行きました。アヤは焼きそばを食べましたが, メイは何も食べませんでした。彼女たちは日本の音楽に合わせて踊りました。彼女たちは川岸で花火を見ました。それらは美しかったです。

　ボブは彼の家族といっしょにイエローストーンに行きました。彼らはテントを組み立てて, その中で眠りました。

Task

➡教科書 p.58

■日本語訳を参考にしてみよう。

Kenta と Ms. King が夏休みについて話しています。Kenta が夏休みに行ったところ，そこでしたこと，しなかったことについて3文でまとめて書こう。

（行ったところ）

Kenta _____ with his family.

（そこでしたこと）

He _____.

（しなかったこと）

He _____ the Nebuta Festival.

日本語訳

ケンタは彼の家族と_____。

彼は_____。

彼はねぶた祭_____。

Grammar　過去のことを表す文

➡教科書 p.59

A: ❶I watched a soccer game on TV yesterday.　❷Did you watch it?

B: Yes, I did.　❸It was a good game.　❹But my favorite player Kazuya didn't play.

日本語訳

A：❶私は昨日，テレビでサッカーの試合を見ました。❷あなたはそれを見ましたか。

B：はい，見ました。❸それはよい試合でした。❹でも私のお気に入りの選手であるカズヤはプレーしませんでした。

1. 過去のことを言うとき……❶, ❸

I watch a soccer game on TV every Saturday.

(訳) 私は毎週土曜日にテレビでサッカーの試合を見ます。

I **watched** a soccer game on TV yesterday.

(訳) 私は昨日，テレビでサッカーの試合を見ました。

It is a good game. (訳) それはよい試合です。

It **was** a good game. (訳) それはよい試合でした。

2. 過去のことをたずねるとき (疑問文) ……❷

You watched it. (訳) あなたはそれを見ました。

Did you **watch** it? (訳) あなたはそれを見ましたか。

Aya was busy. (訳) アヤは忙しかったです。

Was Aya busy? (訳) アヤは忙しかったですか。

3. 過去のことで「しなかった」「でなかった」ことを言うとき (否定文) ……❹

Kazuya played soccer. (訳) カズヤはサッカーをしました。

Kazuya **didn't play** soccer. (訳) カズヤはサッカーをしませんでした。

It was exciting. (訳) それはわくわくしました。

It **wasn't** exciting. (訳) それはわくわくしませんでした。

Tips ❶ for Writing

➡教科書 p.60

Goal 文章を書くときのルールを覚えて，日記を書いてみよう。

September 5th　　　　　　　　Cloudy

I visited Sakura's house in the ❶

afternoon.∞We watched a TV ❷

drama.　It was fun.

❶ ノートの端にかかって，1つの単語が書ききれなくなったときは，その単語全体を次の行に書く。
❷ 文と文の間は小文字の「o」2つ分くらいあける。

日本語訳

9月5日　　　　　　　　　　　　　　　　　　　　　　　　　　　　　曇り
私は午後にサクラの家を訪れました。私たちはテレビ・ドラマを見ました。それはおもしろかったです。

解説

▶ 月の名を表す語は，最初の文字を大文字にします。
▶ 「1日」は1st，「21日」は21st，「31日」は31st と書きます。-st は first を略したものです。また，「2日」は2nd，「22日」は22nd と書きます。-nd は second を略したものです。「3日」は 3rd と書きます。これら以外の日は数字に th をつけます。

Let's Try! 英語で日記を書いてみよう。

ヒント

▶ 「行ったところ」は，go の過去形 went を使って表します。□ I went to ～.
▶ 「そこでしたこと」も，動詞の過去形を使って表します。次のような動詞の過去形に特に注意しましょう。(右が過去形です)

□ see — saw	□ eat — ate	□ have [has] — had
□ get — got	□ do [does] — did	□ come — came
□ build — built	□ sleep — slept	□ shoot — shot

▶ 「しなかったこと」は〈didn't + 動詞の原形〉で表します。「行かなかった」は didn't go，「食べなかった」は didn't eat となります。

Reading ① Fox and Tiger キツネとトラ

 Goal 脚本を読んで，概略を理解しよう。

トラに襲われたキツネが自分は動物の王様だと言い出します。信じられないトラがキツネについて行くと，たしかに動物たちはキツネを恐れて逃げ出すようですが…。

➡教科書 p.61

1

❶ *One day Tiger finds Fox and attacks him.*

Fox: ❷Help! ❸Help!

Tiger: ❹That was easy. ❺Fox, you are no match for me.

Fox: ❻Didn't you know?

Tiger: ❼What!?

Fox: ❽I'm the king of animals.

Tiger: ❾I don't believe you.

Fox: ❿But I am! ⓫The animals all run away. ⓬Just follow me!

⓭ *The animals look at Tiger and quickly run away.*

Tiger: ⓮You're right!

Fox: ⓯See? ⓰I told you.

日本語訳

❶ある日，トラがキツネを見つけて彼を襲う。

キツネ：❷助けて！ ❸助けて！

トラ：❹たやすいことだったさ。❺キツネよ，おまえなんか，おれの相手ではない。

キツネ：❻あんたは知らなかったのかい？

トラ：❼何を!?

キツネ：❽私は動物の王様だぞ。

トラ：❾おれは，おまえの言うことを信じない。

キツネ：❿でも，そうなんだ！ ⓫動物たちはみんな逃げ出すぞ。⓬ちょっと私について来なさい！

⓭動物たちはトラを見て，すぐに逃げ出す。

トラ：⓮おまえの言うとおりだ！

キツネ：⓯わかったかい？ ⓰私はあんたに言っただろう。

解説

❹「そのことはたやすかった」は,「おまえを襲うことは簡単だった」ということです。

❺Fox は呼びかけです。no は名詞の前について「決して～ではない」の意味を表します。no match for me は「私にとってまったく相手ではない [相手にならない]」ということです。

❻Didn't で始まる否定疑問文で,「～しなかったのですか」という意味を表します。

❼「私が何を知らなかったというのだ」という内容を1語で表しています。

❾「あなたを信じない」は,「あなたの言うことを信じない」ということです。

❿But I am! は, But I am the king of animals!（しかし私は動物の王様です）を短く言ったものです。

⓬follow me! は「私について来い」と命令する文です。just はここでは「ただ, ちょっと, とにかく」などの意味です。

⓮「あなたは正しい」は,「あなたの言う [言った] とおりだ」ということです。

⓯see には「わかる」という意味があります。See? は,「私が動物の王様であることがわかりましたか」ということです。

⓰told は tell の過去形です。「私はあなたに話しました」は,「私は動物の王様だと, あなたに話しましたよね」ということです。

Words & Phrases

□ fox［ファクス］　　名 キツネ
□ one day［ワン／デイ］ある日
□ find(s)［ファインド（ファインズ）］
　　　　　　　　　　動 ～を見つける
□ him［ヒム］　　代 彼を
□ easy［イーズィ］　　形 たやすい
□ match［マチ］　　名 (対戦)相手
□ believe［ビリーヴ］　動 ～を信じる
□ all［オール］　　代 みんな
□ away［アウェイ］　　副 離れて

□ run away［ゥラン／アウェイ］
　　　　　　　　　逃げ出す
□ follow［ファロウ］　動 ～について来る(行く)
□ quickly［クウィクリ］　副 すぐに
　You're right.［ユア／ゥライト］
　　　　　　　　おまえの言うとおりだ。
　See?［スィー］　　わかった？
□ told < tell［トゥルド < テル］
　　　　　　　動 tell (話す)の過去形

Question

動物たちはなぜ逃げ出したのでしょうか。

ヒント　⓭で動物たちがトラを見て逃げ出すことがわかります。

解答例　トラを見たから。／トラが怖いから。

2

❶ *Several weeks later, the animals talk about Fox.*

Monkey: ❷Fox is always with Tiger these days.

Rabbit: ❸He doesn't talk to us. ❹He acts like a king.

Monkey: ❺Let's ask Bear. ❻He can help us.

3

❼ *One day Tiger catches a cold.* ❽ *Fox is alone.*

Bear: ❾Roar, Fox!

Fox: ❿What!? ⓫I'm the king of the animals.

Bear: ⓬I don't believe you!

Fox: ⓭But I am! ⓮Just follow me!

日本語訳

❶数週間後，動物たちはキツネについて話す。

サル：❷近ごろでは，キツネはいつもトラといっしょにいるね。

ウサギ：❸彼は私たちとはしゃべらないね。❹彼は王様のようにふるまっている。

サル：❺クマにたのんでみようよ。❻彼なら私たちを助けることができる。

❼ある日，トラはかぜをひく。❽キツネはひとりきりだ。

クマ：❾グォー，キツネよ！

キツネ：❿何だと!? ⓫私は動物の王様だぞ。

クマ：⓬わしは，おまえの言うことを信じない！

キツネ：⓭でも，そうなんだ！ ⓮ちょっと私について来なさい！

解 説

❶ ～ later は「～あとで」という意味です。ten days later なら「10日後に」ということです。

❷is は「～にいる」，these days は「近ごろでは」という意味です。always は be 動詞 (is) のあとに置きます。

参考 一般動詞のときは前に置きます。

例 She always gets up early. 「彼女はいつも早く起きます。」

❸talk to ～ は「～に話しかける，～と話す」という意味です。us は「私たちに，私たちを」を表します。❻の us は「私たちを」の意味で使われています。

❹like は前置詞で，「～のように」という意味です。

❺Let's ～ . は「～しましょう」と提案したり誘ったりするときの表現で，Let's のあとに動詞の原形が続きます。「近ごろでは，キツネはいつもトラといっしょにいて，私たちとはしゃべらず，王様のようにふるまっている」ので，「クマにたのんでみましょう」ということです。

❻help は「～を助ける，～を手伝う」の意味です。

❼catch a cold は「かぜをひく」という意味です。「かぜをひいている」は have a cold といいます。

⓫⓭⓮キツネは，トラに対して言ったのと同じことをクマにも言っています。

📖 Words & Phrases

□ **several** ［セヴラル］　形 いくつかの
　several weeks ［セヴェラル／ウィークス］数週間
□ later ［レイタ］　副 あとで
□ **these** ［ズィーズ］　形〔this の複数形〕これらの
□ these days ［ズィーズ／デイズ］　近ごろでは
□ **us** ［アス］　代 私たちを［に］
□ **act(s)** ［アクト（アクツ）］　動 ふるまう
□ **ask** ［アスク］　動 ～にたのむ
▶ cold ［コウルド］　名 かぜ
□ catch a cold ［キャチ／ア／コウルド］　かぜをひく
□ **alone** ［アロウン］　形 ひとりで
□ roar ［ゥロー］　名 グォー（動物のうなり声）

📖 Question

ウサギはキツネのふるまいをどのように感じましたか。

ヒント ❸と❹からウサギの気持ちを考えてみましょう。

解答例 キツネが動物の王様のようにふるまい始めたことをおかしいと感じた。

❶ *Fox walks to the animals but no one runs away.*

Rabbit: ❷ Hi, Fox.

Monkey: ❸ Long time no see!

Rabbit: ❹ What happened to Tiger?

Fox: ❺ (To himself)　Oh, no!　❻ I'm not with Tiger today.

Bear: ❼ You liar!　❽ Roar!　❾ Roar!

Fox: ❿ Help!　⓫ Help!

日本語訳

❶キツネは動物たちの方に歩いて行くが，だれも逃げ出さない。

ウサギ：❷やあ，キツネ。

サル：❸久しぶり！

ウサギ：❹トラに何が起こったんだい？

キツネ：❺（ひとり言で）なんてことだ！　❻私は今日，トラといっしょじゃないんだ。

クマ：❼このうそつきめ！　❽グォー！　❾グォー！

キツネ：❿助けて！　⓫助けて！

解説

❶ no one 〜 で「だれも〜しない」の意味を表します。No one came. なら「だれも来ませんでした」ということです。no one は 3 人称<ruby>単数<rt>にんしょう</rt></ruby>として<ruby>扱<rt>あつか</rt></ruby>うので，動詞が runs になっています。

❸ Long time no see! は「久しぶり」の意味でしたね（➡教科書 p.54，1 行目）。

❹ happened は happen（起こる）の過去形です。「何がトラに起こったのですか」は，「（今日は姿が見えないけれど）トラはどうしたのですか」ということです。

❺ To himself は「彼自身に対して」→「（彼は）ひとり言で」を表します。

❼ You liar! は You are a liar!（あなたはうそつきです）を短く言ったものです。これはもちろん，キツネが「私は動物の王様だ」とうそをついていることを非難したことばです。

Word & Phrases

□ no one ［ノウ／ワン］   だれも〜ない

□ **happen(ed)** ［ハプン(ド)］   動 起こる

□ **himself** ［ヒムセルフ］   代 彼自身

   to himself ［トゥー／ヒムセルフ］   ひとり言で

   Oh, no. ［オウ／ノウ］   なんてことだ。

□ liar ［ライア］   名 うそつき

Question

クマはなぜキツネにうそつきと言っているのでしょうか。

ヒント   教科書 p.62で，キツネは "I'm the king of the animals." と言っています。

解答例   キツネを見てもだれも逃げ出さないから。

4

Tiger: ❶Cough! ❷Wait! ❸Cough! ❹Cough! ❺Stop, Bear!

Bear: ❻Oh, hi, Tiger. ❼Fox tricked you. ❽He's no king. ❾Animals are afraid of you, not Fox.

Tiger: ❿I know. ⓫I know.

Bear: ⓬You know? ⓭Why are you always with him?

Tiger: ⓮Well, everyone is afraid of me. ⓯After all, Fox is my only friend.

日本語訳

トラ：❶ゴホン！ ❷待って！ ❸ゴホン！ ❹ゴホン！ ❺やめてくれ，クマくん！

クマ：❻ああ，やあ，トラさん！ ❼キツネはあなたをだましたんだよ。❽彼は王様なんかではない。❾動物たちは，キツネではなく，あなたを恐れているんだ。

トラ：❿わかってる。⓫わかってる。

クマ：⓬わかってるだって？ ⓭（それなら）どうしてあなたはいつも彼といっしょにいるんだい？

トラ：⓮うーん，だれもがおれを恐れているだろ。⓯（だから）やっぱり，キツネはおれのただ一人の友達なんだよ。

解 説

❷動詞1語で「待ってください」という依頼(いらい)を表しています。

❺Stop! も依頼を表しています。stop には「止める，やめる，止まる」などの意味があります。キツネをこらしめているクマに対して，トラは「やめてください」とたのんでいます。

❽〈no ＋ 名詞〉で「決して～ではない」の意味を表します（➡教科書 p.61，3行目）。

❾are afraid of ～ は「～を恐れる」という意味です。主語が複数なので，be動詞に are が使われています。コンマのあとの not Fox は補足説明で，「キツネではなくてね」ということです。

❿⓫「わかっている」は，「動物たちがキツネではなく自分（トラ）を恐れているということをわかっている」ということです。

⓭ Why 〜? は「なぜ〜」とたずねる文です。with him の him はキツネをさしています。

⓮ everyone は 3 人称単数扱いなので，be 動詞に is が使われています。

⓯ After all は，ここでは「だって [つまり] 〜だから」と理由を述べるために使われています。

📖 Words & Phrases

☐ cough［コフ］	名 ゴホン(せきの音)
☐ **wait**［ウェイト］	動 待つ
☐ trick(ed)［トリク(ト)］	動 〜をだます
☐ **afraid**［アフレイド］	形 恐れて
☐ are afraid of 〜［アー／アフレイド／アヴ］	〜を恐れる
☐ after all［アフタ／オール］	やはり，結局
☐ **only**［オウンリ］	形 ただ一人の

📖 Question

トラはなぜキツネにだまされたふりをしていたのでしょうか。

ヒント ⓮と⓯の文に理由が述べられています。

解答例 ほかの動物たちが自分（トラ）を恐れていて，キツネしか友達がいないから。

Comprehension Check

(1) 次の絵が表している場面で，それぞれの動物はどのような気持ちだったでしょうか。

(2) キツネのとった行動を表す日本のことわざは何ですか。

解答例

(1) Ⓐ 自分が動物の王様だとトラに信じ込ませようとする，ずるい気持ち。

　　Ⓑ 自分が動物の王様だと思われているという，得意な気持ち。

　　Ⓒ 動物たちが自分を少しも恐れないという，意外な気持ち。

　　Ⓓ キツネを襲っているクマに対する，困った気持ち。

(2) 虎の威を借る狐（強い者の威力を利用していばる人のこと）

Talk about the daily life in your school!
あなたの学校の毎日の生活について話しましょう。

What do you do in your lunch break?
あなたは昼休みに何をしますか。

□ **daily** ［デイリ］形 毎日の □ **break** ［ブレイク］名 短い休み

➡教科書 pp.66−67

Part 1 今，起きているできごとを伝えよう。
キング先生の英語の授業で，ケンタがオーストラリアの中学生とビデオ通話をしています。

Ms. King: ❶Hello, students in Australia! ❷It's 9:45 in Japan.

Emma: ❸Hello, Ms. King and everybody. ❹I'm Emma. ❺It's 10:45 in Queensland.

Kenta: ❻Hi, Emma. ❼I'm Kenta. ❽You are sitting on the lawn, right?

Emma: ❾Yes. ❿We're having morning tea now.

Kenta: ⓫Morning tea?

Emma: ⓬Yes. ⓭We have recess for 30 minutes after first period. ⓮That student is eating a snack. ⓯Those students are chatting on the bench.

Kenta: ⓰What time do you have lunch?

Emma: ⓱At 12:30. ⓲I bring my lunch from home.

◯ **日本語訳**

キング先生：❶こんにちは，オーストラリアの生徒の皆さん！ ❷日本では9時45分です。

エマ：❸こんにちは，キング先生と皆さん。❹私はエマです。❺クイーンズランドでは10時45分です。

ケンタ：❻こんにちは，エマ。❼ぼくはケンタです。❽あなたは芝生にすわっていますね？

エマ：❾はい。❿私たちは今，午前の軽食を食べています。

ケンタ：⓫午前の軽食？

エマ：⓬ええ。⓭私たちは1時限のあと，30分間休みがあります。⓮あの生徒は軽食を食

べています。⓯あの生徒たちはベンチでおしゃべりをしています。

ケンタ：⓰あなたたちは何時に昼食を食べるのですか？

エマ：⓱12時30分です。⓲私は家から昼食を持ってきます。

解説

❷時刻を表すときは，it を主語にします。この it は「それは」とは訳しません。9:45は nine forty-five と発音します。

❸キング先生と生徒たちへの呼びかけです。everybody は everyone と同じ意味です。

❽〈be 動詞＋動詞の -ing 形〉で「今〜しているところです，今〜しています」と，今行われている動作を表します。この形を現在進行形といいます。主語によって be 動詞の am，are，is を使い分けます。sit の -ing 形は，最後の t を重ねて sitting とします。〜, right? は「〜ですよね」と確認するときに使います。

❿We're は We are の短縮形です。これも現在進行形の文で，have は「〜を食べる，〜を飲む」という意味です。have の -ing 形は，最後の e を省いて having とします。

▶オーストラリアには午前中に軽食を食べる習慣があります。

⓭have recess（休み［休憩］を持つ）は「休み［休憩］がある」ということです。

⓮これも現在進行形の文です。eat の -ing 形は eating とします。

⓯これも現在進行形の文です。chat の -ing 形は，最後の t を重ねて chatting とします。those は that の複数形で「あれらの」という意味です。

⓰What time 〜？は時刻をたずねる文です。この文の have も「〜を食べる」という意味です。

⓱この文は，We have lunch at 12:30. を短く言ったものです。

⓲bring 〜 from ... は「〜を…から持ってくる」という意味です。

Words & Phrases

▶ it ［イト］ 代〔時・時刻・温度・天候などをさすが，ふつう訳さない〕

Emma ［エマ］ 名 エマ（女の人の名）

□ everybody ［エヴリバディ］ 代 皆さん，みんな，だれでも

Queensland ［クウィーンズランド］ 名 クイーンズランド州（オーストラリアの州）

□ lawn ［ローン］ 名 芝生

we're ← we are ［ウィア ← ウィー／アー］

morning tea ［モーニング／ティー］ 午前の軽食

□ recess ［ゥリセス］ 名 休み，休憩

□ first ［ファースト］ 形 1番目の，最初の

□ period ［ピアリアド］名 （学校の）時限

first period 1時限

□ chat(ting) ［チャト（チャティング）］ 動 おしゃべりをする

□ bench ［ベンチ］ 名 ベンチ

□ bring ［ブリング］ 動 〜を持ってくる

📖 Question

日本とクイーンズランドの時差は何時間ですか。

（ヒント）❷と❺の文から判断できます。日本は9時45分で，クイーンズランドは10時45分ですね。

（解答例）　1時間（です）。

🔑 Key Sentence

We **are having** morning tea now.　私たちは今，午前の軽食を食べているところです。

▶ 〈be 動詞＋動詞の -ing 形〉で「今〜しているところです，今〜しています」という意味を表します。この形を現在進行形といいます。be 動詞（am, are, is）は主語によって使い分けます。

▶ -ing 形のつくり方：

　　語尾に ing をつけるだけ。（eat → eating / study → studying / drink → drinking）

　　最後の e を省いて ing をつける。（have → having / practice → practicing）

　　最後の子音字を重ねて ing をつける。（sit → sitting / chat → chatting）

📦 Tool Kit

<u>I</u> am **sitting on the lawn**.

（訳）私は今，芝生（の上）にすわっているところです。

| 例 I / sit on the lawn | ❶ I / study math | ❷ we / practice singing | ❸ that boy / drink milk |

（解答例）

❶　I am studying math.

　　（訳）私は今，数学を勉強しているところです。

❷　We are practicing singing.

　　（訳）私たちは今，歌を練習しているところです。

❸　That boy is drinking milk.

　　（訳）あの少年は今，牛乳を飲んでいるところです。

（語句）practice singing　歌うことを練習する

🎧 Listen

Listen オーストラリアの生徒 Karen（カレン）が学校の中庭の様子を実況中継しています。どの順番に紹介しているか，[　]に数字を書こう。

▶英語を聞く前に，それぞれの場面を英語で何と言うか，メモしておきましょう。現在進行形をしっかり聞き取りましょう。

🧠 Think & Try!

エマになりきって，下の絵の状況をケンタに伝えてみよう。

Kenta: You are having morning tea, right?

Emma: Yes. ＿＿＿＿＿＿＿＿＿＿＿＿＿＿＿＿.
＿＿＿＿＿＿＿＿＿＿＿＿＿＿＿＿＿＿.

Emma　　Henry（ヘンリー）　Olivia（オリビア）　Sam（サム）　Linda（リンダ）

日本語訳

ケンタ：あなたたちは午前の軽食を食べているところですよね？

エマ：そうです。＿＿＿＿＿＿＿＿＿＿＿＿＿＿。
＿＿＿＿＿＿＿＿＿＿＿＿＿＿＿＿＿＿。

🔊 イントネーション
You are sitting on the lawn(↘), right(↗)?
（あなたは芝生にすわっていますよね）
▶ right? と確認するときは，語尾をあげて発音しましょう。

Goal 今，起きているできごとについてたずねよう。

ビデオ通話で，日本のアヤとオーストラリアのケビン (Kevin) が話しています。

Aya: ❶ Now we're having a 20-minute break after lunch. ❷ My classmates are doing different things.

Kevin: ❸ Is someone singing?

Aya: ❹ Yes. ❺ Some girls are practicing for our chorus contest. ❻ We compete for a prize.

Kevin: ❼ Sounds interesting! ❽ I see a girl behind you. ❾ What is she doing?

Aya: ❿ Oh, she's writing the words of our song.

Kevin: ⓫ Is that "My Ballad"?

Aya: ⓬ Oh, you can read Japanese!

Kevin: ⓭ Well, I can read only kana letters.

Aya: ⓮ That's great.

日本語訳

アヤ：❶今，私たちは昼食後に20分の休みをとっています。❷私の同級生たちはいろいろなことをしています。

ケビン：❸だれかが歌っていますか？

アヤ：❹ええ。❺何人かの女の子が私たちの合唱コンクールに向けて練習しています。❻私たちは賞を競うのです。

ケビン：❼おもしろそうですね！ ❽あなたのうしろに女の子が見えます。❾彼女(かのじょ)は何をしているところですか？

アヤ：❿ああ，彼女は私たちの歌の歌詞を書いています。

ケビン：⓫それは『マイ・バラード』ですか？

アヤ：⓬あら，あなたは日本語が読めるのですね！

ケビン：⓭ええと，ぼくはかな文字だけ読めます。

アヤ：⓮それはすごい。

解説

❶ 現在進行形の文です。20-minute は「20分の」の意味です。形容詞としてはたらいているので，20-minutes とはしません。　参考　a ten-year-old girl「10歳の少女」

❷ これも現在進行形の文です。do は「～をする」という意味の動詞，different は「異なった，いろいろな」という意味の形容詞です。

❸ 「…は～しているところですか，…は～していますか」という現在進行形の疑問文です。be 動詞を主語の前に置きます。someone は「だれか，ある人」という意味です。

❺ これも現在進行形の文です。our は，ここでは「私たちの学校の」ということです。

❻ compete for ～ は「～を得るために競争する」ということです。

❾ What で始まる現在進行形の疑問文です。「何を／彼女はしているところですか」と考えます。〈What ＋ be 動詞＋主語＋動詞の -ing 形～?〉という語順になります。

❿ What で始まる現在進行形の疑問文に答えるときは，Yes や No を使わずに，〈主語 ＋ be 動詞＋動詞の -ing 形～.〉（…は～しているところです）の形にします。これも現在進行形の文です。she's は she is の短縮形です。write the words of our song は「私たちが歌う歌の歌詞を書く」という意味です。

⓭ only ～ は「～だけ」，kana letters は「かな文字（ひらがな，カタカナ）」の意味です。

📖 Words & Phrases

Kevin［ケヴィン］	名 ケビン(男の人の名)
20-minute break［トウェンティ／ミニト／ブレイク］	20分間の休み
□ **classmate(s)**［クラスメイト(クラスメイツ)］	名 同級生，クラスメート
□ **different**［ディフレント］	形 異なった，いろいろな
□ **thing(s)**［スィング(ズ)］	名 もの，こと
□ **someone**［サムワン］	代 だれか，ある人
□ **compete**［カンピート］	動 競争する
□ **prize**［プライズ］	名 賞
compete for a prize［カンピート／フォー／ア／プライズ］	賞を競う
□ **behind**［ビハインド］	前 ～のうしろの［に］
My Ballad［マイ／バリド］	マイ・バラード
□ That's great.［ザッツ／グレイト］	すばらしい。

📖 Question

ケビンは漢字が読めますか。

ヒント　ケビンは⓭で I can read only kana letters. と言っています。

解答例　読めません。

🔑 Key Sentences

Is Aya sing**ing?**	アヤは歌っているところですか。
— Yes, she **is.** / No, she **isn't.**	―はい，そうです。／いいえ，そうではありません。
What is she sing**ing?**	彼女は何を歌っているところですか。
— She **is** sing**ing** "My Ballad."	―彼女は『マイ・バラード』を歌っているところです。

▶「…は～しているところですか，…は～していますか」とたずねるときは，〈be 動詞＋主語＋動詞の -ing 形～?〉で表します。答えるときは，〈Yes, 主語 ＋ be 動詞 .〉または〈No, 主語 ＋ be 動詞 ＋ not.〉とします。〈be 動詞 ＋ not〉はふつう短縮形にします。

▶「…は何を～していますか」とたずねるときは，〈What ＋ be 動詞＋主語＋動詞の -ing 形～?〉で表します。答えるときは，〈主語 ＋ be 動詞＋動詞の -ing 形～ .〉とします。

📦 Tool Kit

What <u>is</u> **Amy** doing? — <u>She</u> <u>is</u> **writing a letter**.

訳 エイミーは何をしているところですか。 ― 彼女は手紙を書いているところです。

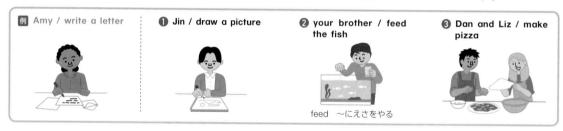

例 Amy / write a letter   ❶ Jin / draw a picture   ❷ your brother / feed the fish   ❸ Dan and Liz / make pizza

feed ～にえさをやる

解答例

❶ What is Jin doing? — He is drawing a picture.

　訳 ジンは何をしているところですか。 ― 彼は絵を描いているところです。

❷ What is your brother doing? — He is feeding the fish.

　訳 あなたのお兄さん［弟さん］は何をしているところですか。

　　　― 彼は魚にえさをやっているところです。

❸ What are Dan and Liz doing? — They are making pizza.

　訳 ダンとリズは何をしているところですか。 ― 彼らはピザをつくっているところです。

語句

feed［フィード］ 動 ～にえさをやる

92

🎧 Listen

Listen　Amy の家に 2 人の友達が遊びに来ているところに，Haruto から電話がかかってきました。Haruto と Amy の会話を聞き，下に名前のある人物はどれか，（　）に記号を書こう。

Ⓐ 　　Ⓑ 　　Ⓒ

Elly（　　）　　Liz（　　）

▶現在進行形に注意して，Elly（エリー）と Liz（リズ）がそれぞれ何をしているのか，しっかり聞き取りましょう。

💭 Think & Try!

あなたの学校と，海外の中学校がビデオ通話でつながっています。
あなたのクラスの昼休みの様子を英語で伝えてみよう。

 A: Now we're having a 20-minute break after lunch.

 B: What are your classmates doing?

例　*A:* My friend Haruto is reading a book.
  Some girls are chatting in the room.
  Some students are playing basketball.

日本語訳

A：今，私たちは昼食後に20分の休みをとっているところです。

B：あなたの同級生たちは何をしているところですか？

例　A：私の友達のハルトは本を読んでいるところです。
　　　何人かの女の子は部屋でおしゃべりをしているところです。
　　　何人かの生徒はバスケットボールをしているところです。

🔊) アクセント
different［ディフレント］，beautiful［ビューティフル］，wonderful［ワンダフル］

Part 3

Goal 今，起きているできごとについて理解したり，伝えたりしよう。

ビデオ通話で，ボブとエマが話しています。

🎧 Listen

Listen Bob が音楽室と理科室の様子を伝えています。それぞれの部屋で紹介されている人物の［　］に，紹介された
順番を書こう。

▶絵にある動作を英語では何と言っているか，順番に注意しながら聞きましょう。

🎤 Speak

Speak Useful Expressions を参考にして，音楽室と理科室の様子を伝えてみよう。

例 A boy is standing by the desk. He is taking a CD out of the case.
A girl is standing by the window. She is waving her hand.

日本語訳

1人の少年が机のそばに立っています。彼はケースからCDを取り出しているところです。

1人の少女が窓のそばに立っています。彼女は手を振っているところです。

語句 case［ケイス］ 名 ケース

Useful Expressions

➡教科書 p.71

①そうじや片付けに関する動作

clean the desk [room]　机をふく [部屋をきれいにする]

wash (the) flask(s)　フラスコを洗う　　mop the floor　床をモップがけする

put a poster on the wall　壁にポスターをはる

put ～ into ...　…に～を入れる　　take ～ out of ...　…から～を取り出す

feed ～　～にえさをやる　　wave his / her hand　手をふる

②場所を表す前置詞

in　～ (の中) に, ～で　　by　～のそばに [で]

on　～ (の上) に　　near　～の近くに　　at　～で, ～に

📖 Emma とのビデオ通話でわかったことについて，(　　　) に適切な語を書こう。

(1) It's 6:30 in Japan. What time is it in Queensland?

It's ¹(　　　　) there.

(2) What do the students have after first period?

They have ²(　　　　) tea.

(3) How long is recess after first period?

It's ³(　　　　) minutes long.

(4) What time do the students have lunch?

They have lunch at ⁴(　　　　).

(5) Does Emma buy her lunch at a shop in her school?

No, she doesn't. She ⁵(　　　　) her lunch from ⁶(　　　　).

解答と解説

1 (7:30)　日本が 9：45のとき，クイーンズランドは10：45でしたね。(時差は 1 時間)

2 (morning)　the students はエマの学校の生徒たちをさしています。

3 (30)　エマは We have recess for 30 minutes after first period. と言っています。

4 (12:30)　What time ～ ? は時刻をたずねる文です。ケンタの What time do you have lunch? という質問に対して，エマは At 12:30. と答えています。

5 (brings)　エマは I bring my lunch from home. と言っています。主語が she（3人称単数）であることに注意しましょう。

6 (home)　bring ～ from ... は「～を…から持ってくる」の意味です。house を使うときは from her house のように her が必要です。

日本語訳

(1) 日本では 6 時30分です。クイーンズランドでは何時ですか。

そこでは 7 時30分です。

(2) 生徒たちは 1 時限のあとに何を食べますか。

彼らは午前の軽食を食べます。

(3) 1 時限のあとの休みはどれくらいですか。

30分（の長さ）です。

(4) 生徒たちは何時に昼食を食べますか。

彼らは12時30分に昼食を食べます。

(5) エマは彼女の昼食を学校の中の店で買いますか。

いいえ，買いません。彼女は家から昼食を持ってきます。

Task

➡教科書 p.72

■日本語訳を参考にしてみよう。

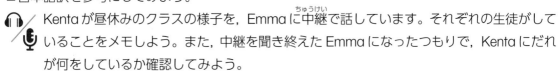 Kenta が昼休みのクラスの様子を，Emma に中継で話しています。それぞれの生徒がしていることをメモしよう。また，中継を聞き終えた Emma になったつもりで，Kenta にだれが何をしているか確認してみよう。

例　*Emma:* Mei is eating lunch now, right?
　　Kenta: Yes, she's eating fruit now.

日本語訳

エマ：メイは今，昼食を食べていますよね？
ケンタ：はい，彼女は今くだものを食べています。

解説

▶ 〜 right? は「〜ですよね」と確認するときに使う表現でしたね。
▶主語が I の場合は am -ing 〜 の形，he ／ she ／単数の場合は is -ing 〜 の形，you ／ we ／複数の場合は are -ing 〜 の形で答えましょう。

Practice

Grammar 現在，動作が進行中であることを表す文

➡教科書 p.73

I'm in the library. ❶Some students are reading books, and ❷others are doing their homework. That is my friend, Taro. ❸Is he reading a book? No. ❹He isn't reading a book. ❺What is he doing? ❻He is sleeping.

日本語訳

私は図書館にいます。❶本を読んでいる生徒たちもいれば，❷宿題をしている生徒たちもいます。あれは私の友達のタロウです。❸彼は本を読んでいるところでしょうか。いいえ。❹彼は本を読んでいるところではありません。❺彼は何をしているところでしょうか。❻彼は眠っているところです。

解説

▶❶❷ Some students 〜 , and others .... で「〜する生徒たちもいれば，…する生徒たちもいる」という意味を表します。others は other students（ほかの生徒たち）のことです。

▶現在進行形は「〜しているところです」と訳しても，「〜しています」と訳してもかまいません。

1. 今していることを伝えるとき…… ❶, ❷, ❻

Taro **is watching** TV.　　　　　　訳 タロウはテレビを見ているところです。

Taro and Jiro **are** playing tennis.　　訳 タロウとジロウはテニスをしているところです。

2.「〜していません」ということを伝えるとき…… ❹

Taro is **not** reading a book.　　　　訳 タロウは本を読んでいません。

3.「〜しているのですか」,「何をしているのですか」と質問するとき…… ❸, ❺

Taro is reading a book.　　　　　訳 タロウは本を読んでいるところです。

Is Taro　　reading a book?　　　訳 タロウは本を読んでいるのですか。

Taro is reading a book .　訳 タロウは本を読んでいるところです。

What is Taro　　reading?　　　訳 タロウは何を読んでいるのですか。

What is Taro **doing**?　　　　　訳 タロウは何をしているのですか。

Tips ❷ for Listening

➡教科書 p.74

 大切な情報を聞き取ろう。

強く言っている語句をしっかり聞き取ろう。

Do you play tennis every day?

訳 あなたは毎日テニスをしますか。

No. I play it on **Sundays**.

訳 いいえ。ぼくはそれを日曜日にします。

解説

▶ No. は No, I don't. を短く言ったものです。

▶ I play it の it は tennis をさします。

▶ Sunday（日曜日）が複数形になっているのは「毎週日曜日に」を表すからです。on Sundays は every Sunday と言っても同じです。

(Practice ✏

Lesson 6 Lunch in Chinatown　中華街での昼食

How about lunch at a restaurant in Chinatown?
中華街のレストランで昼食をどうですか。

Which do you want to order?
どれを注文したい。

Chinatown ［チャイナタウン］ 名 中華街　　□ **which** ［ホウィチ］ 代 どちら，どれ

□ **order** ［オーダ］ 動 ～を注文する

➡教科書 pp.76－77

Part 1

 Goal　どれを選ぶかたずねたり，その理由をたずねたりしよう。

休日に，ケンタたちは中華街に来ています。

Kenta: ❶ Look! ❷ That gate is really colorful!

Bob: ❸ What does that sign say?

Kenta: ❹ It says "Chinatown." ❺ I'm very hungry!

❻ Which restaurant do you recommend, Mei?

Mei: ❼ Let's eat at this restaurant.

Bob: ❽ Why do you recommend that restaurant?

Mei: ❾ Because its spring rolls are delicious.

Kenta: ❿ What are spring rolls?

Mei: ⓫ *Harumaki* in Japanese.

Kenta: ⓬ Oh, I love them! ⓭ Let's go there!

日本語訳

ケンタ：❶見て！　❷あの門は本当にカラフルだね。

ボブ：❸あの看板には何て書いてあるの？

ケンタ：❹「チャイナタウン」と書いてある。❺ぼく，すごくお腹がすいたよ！
　　　　❻きみはどのレストランを勧める，メイ？

メイ：❼このレストランで食べましょうよ。

ボブ：❽どうしてそのレストランを勧めるの？

メイ：❾そこのスプリングロールがおいしいから。

ケンタ：❿スプリングロールって何？

メイ：⓫日本語で春巻。

ケンタ：⓬ああ，ぼくはそれが大好きだ！　⓭そこに行こう！

解 説

❶look という動詞 1 語で，「見て」という指示を表しています。

❷really を形容詞 colorful の前につけると，「本当に，とても」の意味になります。

❸この文の say は「(…には) ～と書いてある」という意味です。

❹It は前の文の that sign をさします。「あの看板には～と書いてある」という意味の文です。

❻Which restaurant で「どのレストラン (を)」の意味です。「Which ＋ 名詞」のあとは〈do you ＋ 動詞 ～?〉という疑問文の語順になります。

❽Why ～? は「なぜ～」と理由をたずねる文です。Why のあとは〈do you ＋ 動詞 ～?〉という疑問文の語順になります。この文の that は「あの」ではなく「その」の意味です。that は，相手の側にあるものをさすときにも使います。that restaurant (そのレストラン) は，メイがスマートフォンの画面で示しているお勧めのレストランをさしています。

❾Why ～? と聞かれたら，〈Because ＋ 主語＋動詞 ～.〉のように答えるのがふつうです。its (それの) は「そのレストランの」という意味です。

❿主語の spring rolls が複数形なので，What is ～? ではなく What are ～? になっています。

⓫主語と動詞を省略した文です。in Japanese は「日本語で」という意味です。

⓬them (それらを) は *harumaki* をさします。

⓭there (そこに) は to the restaurant (そのレストランに) を 1 語で言いかえたものです。

Words & Phrases

☐ **gate** ［ゲイト］ 　　　　　　　　　　　 名 門

☐ **colorful** ［カラフル］ 　　　　　　　　　 形 色彩豊かな，カラフルな

☐ **sign** ［サイン］ 　　　　　　　　　　　 名 看板，標識

▶ **which** ［ホウィチ］ 　　　　　　　　　　 形 どちらの，どの

☐ **recommend** ［ゥレコメンド］ 　　　　　 動 〜を勧める

☐ **because** ［ビコーズ］ 　　　　　　　　 接 なぜなら〜，〜なので

☐ **its** ［イッ］ 　　　　　　　　　　　　 代 それの

　　spring roll(s) ［スプリング／ゥロウル(ズ)］ 　名 春巻

 **Question**

メイがレストランを勧めた理由は何ですか。

ヒント ❾の Because のあとの部分に理由が述べられています。

解答例 そのレストランの春巻がおいしいからです。

🔑 Key Sentences

Which restaurant do you recommend?	あなたはどのレストランを勧めますか。
— I recommend this restaurant.	—私はこのレストランを勧めます。
Why do you recommend that restaurant?	あなたはなぜあの［その］レストランを勧めるのですか。
— **Because** its spring rolls are delicious.	—そこの春巻がおいしいからです。

▶「Which ＋ 名詞」で「どの〜」の意味を表します。あとは，ふつうの疑問文の語順にします。

▶ Why（なぜ）のあとは疑問文の語順にします。

▶ Because のあとには，〈主語＋動詞〜〉という文を続けます。

 **Tool Kit**

Why do you **recommend this book**? — Because **it is interesting**.

訳 あなたはなぜこの本を勧めるのですか。 — それはおもしろいからです。

例 recommend this book / it is interesting	❶ get up so early / I walk my dog	❷ like summer / I can swim	❸ like Ms. Goto's math class / she is kind

解答例

❶ Why do you get up so early? — Because I walk my dog.

　訳 あなたはなぜそんなに早く起きるのですか。 — 私のイヌを散歩させるからです。

❷ Why do you like summer? — Because I can swim.

　訳 あなたはなぜ夏が好きなのですか。 — 泳げるからです。

❸ Why do you like Ms. Goto's math class? — Because she is kind.

　訳 あなたはなぜゴトウ先生の数学の授業が好きなのですか。 — 彼女は親切だからです。

語句

walk［ウォーク］動 ～を歩かせる，～を散歩させる

  Listen

> **Listen** 会話を聞いて，Liz が好きな季節と動物を（　）に書き，その理由を選んで○で囲もう。
>
> ① 好きな季節は（　　　　）
> （　長い休みがあるから　／　誕生日があるから　／　スポーツができるから　）
> ② 動物園で好きな動物は（　　　　）
> （　強いから　／　かわいいから　／　かっこいいから　）

▶リスニングは，必ずメモを取る習慣をつけましょう。

＊ p.49で［r］と［l］の発音の違いを確認しよう。

◀)) 発音　［r］/［l］

［r］<u>r</u>ead［ゥリード］，<u>r</u>ecommend［ゥレコメンド］，<u>r</u>estaurant［ゥレストラント］

［l］<u>l</u>ook［ルク］，<u>l</u>ove［ラヴ］，<u>l</u>et's［レッ］

Part 2

Goal グループのメンバーにほしいものをたずねよう。
ケンタたちが，中華料理店で食事を楽しんでいます。

Bob: ❶I'm full.　❷We ate a lot!　❸Everything was so delicious.

Aya: ❹I liked the spring rolls.

Kenta: ❺Yes, and I enjoyed the dumplings, too.

Aya: ❻I know.　❼You ate seven dumplings.

Kenta: ❽Now, time for dessert.

Mei: ❾Mango pudding and almond jelly are popular.　❿Which do you want to order?

Bob: ⓫Who wants mango pudding?

Mei & Aya: ⓬I do!

Bob: ⓭Almond jelly for Kenta and me.　⓮OK?

Kenta: ⓯Can I order both?

日本語訳

ボブ：❶おなかがいっぱいだ。❷ぼくたち，たくさん食べたね！　❸全部，すごくおいしかった。

アヤ：❹私は春巻が気に入ったわ。

ケンタ：❺うん，それとぎょうざもおいしかった。

アヤ：❻そうよね。❼あなたはぎょうざを7つ食べたもの。

ケンタ：❽さて，デザートの時間だ。

メイ：❾マンゴー・プリンと杏仁豆腐（あんにんどうふ）が人気よ。❿どっちを注文したい？

ボブ：⓫マンゴー・プリンがほしいのはだれ？

メイとアヤ：⓬私！

ボブ：⓭ケンタとぼくには杏仁豆腐。⓮それでいい？

ケンタ：⓯ぼくは両方注文していい？

解説

❶full は「満腹で」の意味で，反対語は hungry（空腹な）です。

❷ate は eat（～を食べる）の過去形です。a lot は「たくさん」という意味です。

❸everything は 3 人称単数として扱うので，be 動詞の過去形には was を使います。

❺「ぎょうざを楽しんだ」→「ぎょうざをおいしく食べた，ぎょうざを味わった」と考えます。

❻I know. は同意を表し，「私にはわかっている」→「そうだよね」という意味になります。

❽Now は「さあ，さて」という意味です。相手の注意を引いたり，話題を変えたりするときに使います。time for dessert は it's（= it is）time for dessert を短く言ったものです。この文の for は「～としての」という意味です。

❿Which ～ ? は「どれ（を）～，どちら（を）～」とたずねる文です。

⓫Who ～ ? は「だれが～」とたずねる文です。「～するのはだれですか」と訳してもかまいません。who が主語のときは 3 人称単数として扱うので，動詞が wants になっています。

⓬Who ～ ? という質問に対して，2 人が同時に I do!（私がほしい）と答えています。

⓯Can I ～ ? は，「～をしてもいいですか」と許可を求めるときに使います。

Words & Phrases

□ **full**［フル］　　　　　　　　　　　　　　形 いっぱいの，満腹で

□ **everything**［**エ**ヴリスィング］　　　　　代 何もかも

　 dumpling(s)［**ダ**ンプリング(ス)］　　　名 ぎょうざ

　 mango pudding［**マ**ンゴウ／**プ**ディング］名 マンゴー・プリン

　 almond jelly［**アー**モンド／**ヂェ**リ］　　名 杏仁豆腐

□ Can I ～ ?　　　　　　　　　　　　　　〔許可を求めて〕～してもいいですか。

□ **both**［ボウス］　　　　　　　　　　　　代 両方

Question

ケンタはいくつぎょうざを食べましたか。

ヒント　❼で，アヤがケンタに「あなたは seven dumplings を食べたもの」と言っています。

解答例　7つ（食べました）。

🔑 Key Sentences

Who wants mango pudding?　　だれがマンゴー・プリンをほしいのですか。

　　　　　　　　　　　　　　　　［マンゴー・プリンがほしいのはだれですか。］

— I do.　　　　　　　　　　　　—私（がほしい）です。

▶ Who で始まる疑問文は「だれ・どんな人」をたずねる文です。「だれが〜しますか」「〜するのはだれですか」のように who が主語のときは，すぐに動詞を続けます。who は 3 人称単数として扱うので，動詞は want ではなく wants になっています。

▶ I do. は I want mango pudding. を短く言ったものです。I を強く発音します。「アヤ（がほしい）です」というときは，Aya does.（= Aya wants mango pudding.）となります。

📦 Tool Kit

Who **plays the piano**? — **Kana** does.

訳 だれがピアノを弾きますか。 — カナです。

| 例 play the piano / Kana | ❶ play the trumpet / Dan | ❷ can swim very fast / Haruto | ❸ made these sandwiches / I |

made　make の過去形

❶ Who plays the trumpet? — Dan does.

　訳 だれがトランペットを吹きますか。 — ダンです。

❷ Who can swim very fast? — Haruto can.

　訳 だれがとても速く泳げますか。 — ハルトです。

❸ Who made these sandwiches? — I did.

　訳 だれがこれらのサンドイッチをつくりましたか。 — 私です。

▶❷は can を使った疑問文，❸は過去形の疑問文です。

　❷〈Who ＋ can ＋ 動詞の原形 〜?〉（だれが〜できますか）

　❸〈Who ＋ 動詞の過去形 〜?〉（だれが〜（し）ましたか）

語句

made［メイド］　　　　　　　　　動 make（〜をつくる）の過去形

sandwich(es)［サンドウィチ(ィズ)］名 サンドイッチ

🎧 Listen

Listen　Kana と Liz の会話を聞いて，それぞれの人物が何をしているか選んで（　）に記号を書こう。

① Liz　（　）
② Amy　（　）
③ Jin　（　）
④ Dan　（　）

▶英語を聞く前に，Ⓐ～Ⓓの動作を英語で何と言うか，メモしておきましょう。

💭 Think & Try!

次の会話に続けてスキットをつくり，協力して演じてみよう。

A: Now, time for dessert.

B: Mango pudding and almond jelly are popular.

　　Which do you want to order?

DESSERTS

mango pudding　　almond jelly　　sesame seed balls　　peach buns

日本語訳

A：さて，デザートの時間です。

B：マンゴー・プリンと杏仁豆腐が人気です。

　　あなたはどれ［どちら］を注文したいですか？

語句

sesame seed ball(s)　　名 ごま団子
peach bun(s)　　名 桃まんじゅう

🔊 発音

[θ] both［ボウス］, month［マンス］, everything［エヴリスィング］
[ð] there［ゼア］, this［ズィス］, that［ザト］

107

Part 3

 持ち主がわからないものについてたずねよう。
料理店を出るとき，メイがだれかの忘れものに気づきました。

Mei: ❶Is this smartphone yours, Kenta?

Kenta: ❷No, it's not mine.

Mei: ❸Then, whose phone is this?

Bob: ❹Oh, it's mine. ❺Thanks!

Mei: ❻Did you take any good pictures of the dishes here?

Bob: ❼Yes. ❽I took some pictures for my blog.

日本語訳

メイ：❶このスマートフォンはあなたのもの，ケンタ？

ケンタ：❷いや，それはぼくのじゃないよ。

メイ：❸それでは，これはだれの電話？

ボブ：❹あっ，それはぼくのだ。❺ありがとう！

メイ：❻ここの料理のいい写真を何枚か撮った？

ボブ：❼うん。❽ぼくのブログ用に写真を何枚か撮ったよ。

解 説

❶yours は「あなたのもの」という意味で，your smartphone を表しています。

❷mine は「私のもの」という意味で，my smartphone を表しています。この文は，No, it isn't mine. と言うこともできます。

❸〈Whose + 名詞〉で始まる疑問文は「だれの〜ですか」と，持ち主をたずねる文です。

❹it's は it is を1語にしたもの（短縮形）で，it は the smartphone（そのスマートフォン）のことです。

❻疑問文なので，some の代わりに any が使われています。pictures of 〜 は「〜の写真」という意味です。here は「ここの（料理）」とも「ここで（撮りましたか）」とも解釈できます。

❽took は take の過去形です。for my blog は「私のブログのために」という意味です。blog は weblog ともいい，主に気軽な個人用のウェブサイトとして使われています。

Words & Phrases

☐ **yours** ［ユアズ］　　　　　代 あなたのもの
☐ **mine** ［マイン］　　　　　代 私のもの
☐ **then** ［ゼン］　　　　　　副 それでは，それじゃ
☐ **whose** ［フーズ］　　　　形 だれの
☐ **phone** ［フォウン］　　　名 電話
☐ **Thanks.** ［サンクス］　　ありがとう。
☐ **dish** ［ディシュ］　　　　名 皿，料理
☐ **took** ＜ take ［トゥク ＜ テイク］　動 take の過去形
☐ **blog** ［ブログ］　　　　　名 ブログ

🔑 Key Sentences

❶ **Whose** phone is this?　　これはだれの電話ですか。
❷ — It's **mine**. / It's not **mine**.　—それは私のものです。／それは私のものではありません。

▶〈Whose ＋ 名詞〉で始まる疑問文は「だれの〜」と持ち主をたずねる文です。
▶答えるときは，mine（私のもの），yours（あなたのもの），his（彼のもの），hers（彼女のもの），theirs（彼らのもの），Bob's（ボブのもの）などを使います。❷の mine は my phone（私の電話）を表しています。

 Listen

Listen 教室に忘れものが 2 つあったので，Mr. Jones（ジョーンズ先生）がクラス委員の Mary（メアリー）にたずねています。会話を聞いて，それぞれの持ち主を Mary, Meg（メグ），Helen（ヘレン）のうちから選んで〇で囲もう。
ペン [Mary / Meg / Helen]　　ノート [Mary / Meg / Helen]

▶ Whose で始まる持ち主をたずねる文と，It's [It is] で始まる答えの文を，しっかり聞き取りましょう。

🔊 発音
[h] who ［フー］，whose ［フーズ］
[hw] why ［ホワイ］，what ［ホワト］，when ［ホウェン］，where ［ホウェア］，which ［ホウィチ］

➡教科書 p.81

Mei: ❶How often do you upload pictures?

Bob: ❷About three times a week.

Mei: ❸So often?

Bob: ❹I just uploaded some new pictures. ❺Look!

Aya: ❻What is this?

Bob: ❼This is a carrot dragon.

❽And this one is a watermelon flower.

Aya: ❾They are all amazing!

日本語訳

メイ：❶どのくらいよく，写真を更新するの？

ボブ：❷１週間に３回くらい。

メイ：❸そんなにしょっちゅう？

ボブ：❹ぼくは新しい写真を何枚か更新したばかりなんだ。❺見て！

アヤ：❻これは何？

ボブ：❼これはニンジンのドラゴン。

❽そしてこれはスイカの花。

アヤ：❾みんな見事ね！

解 説

❶〈How often ～ ?〉で始まる疑問文は「どのくらいよく～」と頻度をたずねる文です。upload は主に，データをパソコンやスマートフォンからインターネット上に載せることをいいます。

❷three times は「３回」，a week は「１週間につき」という意味です。この文は，I upload pictures about three times a week.（私は１週間に約３回，写真を更新します）を短く言ったものです。

❸この文は Do you upload pictures so often?（あなたはそんなによく写真を更新するのですか）を短く言ったものです。

❹just はここでは「ちょうど，～したばかり」の意味で使われています。

❽this one は this picture のことです。one は前に出た名詞をさして「もの」と言うときに使われます。例 Which cake do you want?（あなたはどちらのケーキがほしいですか）— I want this one.（私はこちらがほしいです）this one ＝ this cake

❾They（それら）は carrot dragon と watermelon flower をさします。amazing は「（人を）びっくりさせるように見事な」という意味を表す形容詞です。

Words & Phrases

☐ How often ～？［ハゥ／**オ**フン］　　　　　　　　どれくらいの頻度で～ですか。

☐ upload［**ア**プロゥド］　　　　　　　　　　　動 アップロードする

　three times a week［スリー／**タ**イムズ／ア／**ウィ**ーク］ 1週間に3回

☐ amazing［アメ**イ**ズィング］　　　　　　　　　形 見事な

Question

スマートフォンはだれのものでしたか。

ヒント　教科書 p.80の4行目で，ボブが Oh, it's mine. と答えています。

解答例　ボブ（のものでした）。

Think & Try!

次の会話を演じてみよう。最後のボブのセリフは，自由に考えて言ってみよう。

Mei: How often do you upload pictures?

Bob: About three times a week.

Mei: So often?

Bob: I just uploaded some new pictures. Look!

Aya: What is this? ［What are these?］

Bob: _____.

日本語訳

メイ：どのくらいよく，写真を更新するの？

ボブ：1週間に3回くらい。

メイ：そんなにしょっちゅう？

ボブ：ぼくは新しい写真を何枚か更新したばかりなんだ。見て！

アヤ：これは何？［これらは何？］

ボブ：_____。

📖 Bob と Ms. King の会話を読んで，（　）に適切な語を書こう。

Bob: My friends and I had lunch at a ¹(　　　) in Chinatown.

Ms. King: Did you enjoy your lunch?

Bob: Yes. I liked the spring rolls. And we ate mango pudding or almond jelly for ²(　　　).

Ms. King: ³(　　　) did you eat, Bob?

Bob: I ate almond jelly. It was delicious. I took some pictures of the dishes.

Ms. King: ⁴(　　　) did you take them?

Bob: Because I wanted some pictures for my ⁵(　　　).

Ms. King: I didn't know that. How ⁶(　　　) do you upload pictures?

Bob: About three times a ⁷(　　　). Please look at my blog.

解答と解説

1（ restaurant ）「中華街の〜で昼食を食べた」という意味にします。

2（ dessert ）　前にある for は「〜として」という意味です。

3（ What ）　ボブが「〜を食べました」と食べたものを答えていることから判断できます。

4（ Why ）　ボブが Because 〜 . と理由を答えていることから判断できます。

5（ blog ）　何のために写真がほしかったのかを考えて答えましょう。

6（ often ）　「どのくらいよく〜しますか」と頻度をたずねる文にします。

7（ week ）　ボブが，写真を更新する頻度を答えています。「〜につき」という意味です。

日本語訳

　　ボブ：友人たちとぼくは中華街のレストランで昼食を食べました。

キング先生：昼食はおいしかったですか。

　　ボブ：ええ。ぼくは春巻が気に入りました。それと，ぼくたちはデザートとしてマンゴー・プリンや杏仁豆腐を食べました。

キング先生：あなたは何を食べたのですか，ボブ。

ボブ：ぼくは杏仁豆腐を食べました。おいしかったです。ぼくは料理の写真を何枚か撮りました。

キング先生：なぜ写真を撮ったのですか。

ボブ：ぼくのブログ用に写真を何枚かほしかったからです。

キング先生：それは知りませんでした。あなたは写真をどのくらいよく更新するのですか。

ボブ：1週間に3回くらいです。どうぞぼくのブログを見てください。

Task

→教科書 p.82

■日本語訳を参考にしてみよう。

🎧 Bob と Aya の会話を聞いて，昨日の晩に Bob が書いたブログを完成しよう。

Updated: October 3rd

　　My sister and I went shopping last ①_____. We wanted to buy a birthday present for ②_____. Her birthday is ③_____. Yes, today. We bought a ④_____ for her. She really likes tea. She drinks tea three cups a day. My ⑤_____ cooked birthday dinner for her. She liked the dinner and our present so much.

日本語訳

更新：10月3日

　姉 [妹] とぼくは，この前の①（　　　　）に買いものに行きました。ぼくたちは②（　　　　）のための誕生日プレゼントを買いたかったのです。彼女の誕生日は③（　　　　）です。そう，今日です。ぼくたちは彼女のために④（　　　　）を買いました。彼女は本当にお茶が好きです。彼女は一日に3杯，お茶を飲みます。ぼくの⑤（　　　　）は彼女のために誕生日の料理をつくりました。彼女はその料理とぼくたちのプレゼントをとても気に入りました。

語句

present［プレゼント］　名 プレゼント

bought［ボート］　　　動 buy（〜を買う）の過去形

A: ❶Which season do you like? *B:* I like winter. *A:* ❷Why do you like winter? *B:* ❸Because I like skiing. *A:* ❹How often do you go skiing? *B:* ❺I go skiing every week.

日本語訳

A：❶あなたはどの季節が好きですか。　B：私は冬が好きです。　A：❷なぜ冬が好きなのですか。　B：❸スキーが好きだからです。　A：❹どのくらいよくスキーに行きますか。　B：❺毎週スキーに行きます。

1. 「理由」を質問するとき，「理由」を述べるとき……❷，❸

   Why do you like winter?　訳 あなたはなぜ冬が好きなのですか。
   ― **Because** I like skiing.　訳 ―スキーが好きだからです。

2. 「どのくらいよく〜するか」を質問するとき，答えるとき……❹，❺

   Taro goes skiing every week.　訳 タロウは毎週スキーに行きます。

   How often does Taro go skiing?　訳 タロウはどのくらいよくスキーに行きますか。

   ― I play tennis **twice a week**.　訳 ―私は1週間に2回テニスをします。
   ― My father plays tennis **three times a month**.　訳 ―父は1か月に3回テニスをします。

3. 「どの〜」を質問するとき……❶
   「どちらを」「だれが」「だれの〜」を質問するとき

   Which season do you like?　訳 あなたはどの季節が好きですか。

   Which is your notebook?　訳 あなたのノートはどちらですか。
   Who **is** your math teacher?　訳 あなたの数学の先生はだれですか。
   Who want**s** mango pudding?　訳 だれがマンゴー・プリンをほしいのですか。
   　　　　　　　　　　　　　　　　　　［マンゴー・プリンがほしいのはだれですか。］

   Whose notebook is this?　訳 これはだれのノートですか。

Tips ❸ for Reading
➡教科書 p.84

Goal 代名詞に注意して読もう。

■日本語訳を参考にしてみよう。

[Mei の日記]

Today was great! It was Bob's 14th birthday. Kenta and I made a cake
今日はすばらしかったです。　ボブの14歳 (さい) の誕生日でした。　　　ケンタと私は彼のためにケーキをつくりま

for ❶him. ❷It was chocolate — ❸his favorite kind! ❹We also gave ❺him
した。　　　　それはチョコレートでした—彼のお気に入りの種類の。　　　　私たちは彼にいくつかの誕生日プレ

some birthday gifts. I gave ❻him a pencil case. Kenta gave him some
ゼントもあげました。　　　私は彼に筆入れをあげました。　　　　ケンタは彼に野球カードを何枚かあげ

baseball cards. ❼They were not expensive, but Bob loved them!
ました。　　　　それらは高価ではありませんでしたが，ボブはそれらをとても気に入りました。

Let's Try! 解答例

❶〜❼はだれ (何) を示しているか，書いてみよう。

❶ボブ　　　　　❷ケーキ　　　　　❸ボブ　　　　　❹ケンタとメイ

❺ボブ　　　　　❻ボブ　　　　　❼誕生日プレゼント

▶この文章を書いたのはメイです。

語句

made [メイド]　　　動make (〜をつくる) の過去形

also[オールソウ]　　　副〜も

gave him 〜　　　彼に〜をあげた

gift(s) [ギフト(ギフツ)]　　　名 贈りもの

expensive[イクスペンスィヴ]　　　形 高価な

Restaurant ▶ 飲食店での表現

 要望を伝えて，料理を注文しよう。
キング先生が中華街で評判の料理店に入り，店員と話しています。

❶ May I take your order?

❷ Sure.

❸ What would you like?

❹ **I'd like** a meat bun.

❺ Would you like a drink?

❻ **I'd like** a glass of Oolong tea.

❼ All right.

日本語訳

❶ ご注文をおうかがいしてもよろしいですか。

❷ はい（もちろんです）。

❸ 何になさいますか。

❹ 肉まんを1つお願いします。

❺ お飲みものはいかがですか。

❻ ウーロン茶を1杯ください。

❼ 承知しました。

解説

❶May I 〜? は「〜してもよろしいですか」と，目上の人や客に許可を求めるときに使います。親しい相手に対しては，Can I 〜?（〜していいですか）が使えます。take your order は「あなたの注文を受ける」という意味です。

❷Sure. は「もちろんです，いいですよ」という意味の返事です。

❸would like 〜 は want 〜 をていねいに言ったものです。What would you like? は「あなたは何をほしいですか」→「何になさいますか」ということです。

❹I'd は I would を縮めた語（短縮形）です。

❺Do you want 〜?（〜がほしいですか）をていねいに言ったものです。

❻tea は 1 つ，2 つ，…と数えられないので，a glass of 〜（グラス 1 杯の〜）のように言っています。冷たい飲みもののときは a glass of 〜 を使い，温かい飲みもののときは a cup of 〜（カップ 1 杯の〜）を使います。

 Speak

下線部を他の語に置きかえて，言ってみよう。

I'd like <u>a glass of Oolong tea.</u>　　訳 私はウーロン茶を 1 杯ほしいです。

[a glass of water / a cup of coffee]　訳 グラス 1 杯の水／カップ 1 杯のコーヒー

 Words and Phrases

May I 〜?［メィ／アイ］　　　〜してもよろしいですか。
meat bun［ミート／バン］　　肉まん
a glass of 〜［ア／グラス／アヴ］グラス 1 杯の〜
Oolong tea［ウーロング／ティー］ウーロン茶
All right.［オール／ゥライト］　承知しました。

 And More Words

a cup of 〜　カップ 1 杯の〜

117

Speak about symbols or signs around your life!
あなたの生活の周りにある記号や標識について話しましょう。

What do these signs mean?
これらの標識は何を意味しますか。

☐ **symbol(s)** ［スィンボル（ズ）］ 名 記号，象徴

☐ **mean** ［ミーン］ 動 〜を意味する

→教科書 pp.88−89

 Part 1 **Goal** しなければならないことについて伝えよう。
ボブがアヤの家に遊びに来ています。

Aya: ❶This is a souvenir from my neighbor. ❷Bob, try it. ❸It's good!

Bob: ❹What does this symbol mean?

Aya: ❺Can you guess?

Bob: ❻Let me see…. ❼Is it a jellyfish?

Aya: ❽No. ❾It's a place. ❿We have to take off
our clothes in this place.

Bob: ⓫I have no idea. ⓬I want another hint.

Aya: ⓭We can relax in hot water.

Bob: ⓮Oh, I got it. ⓯A hot spring!

Aya: ⓰Right. ⓱Everyone knows this symbol in Japan.

日本語訳

アヤ：❶これは私の近所の人からのおみやげよ。❷ボブ，食べてみて。❸それ，おいしいよ！

ボブ：❹この記号はどんな意味？

アヤ：❺推測できる？

ボブ：❻ええと…。❼それはクラゲ？

アヤ：❽いいえ。❾それはある場所のこと。❿私たちはこの場所で服を脱がなければいけません。

ボブ：⓫ぼくにはわからないよ。⓬別のヒントがほしいな。

アヤ：⓭私たちはお湯の中でくつろぐことができます。

ボブ：⓮あっ，わかった。⓯温泉！

アヤ：⓰そのとおり。⓱日本ではだれでもこの記号を知ってるのよ。

解 説

❶ a souvenir from my neighbor で「私の近所の人からのおみやげ」の意味を表します。

❷ try は「〜を試す」の意味で，ここでは「食べてみる」ということです。

❹「何を／この記号は意味していますか」と考えます。「この記号はどんな意味ですか」と訳してもかまいません。this symbol は3人称単数なので，do ではなく does が使われています。

❻ Let me see. は何かを考えたり思い出そうとしているときや，答えがわからないときなどに使います。日本語の「ええと」に近い表現です。

❿〈have to + 動詞の原形〉は，「〜しなくてはならない，〜する必要がある」という意味です。主語が3人称単数のときは，have の代わりに has を使います。have to は［ハフトゥ］，has to は［ハストゥ］と発音します。take off 〜 は「〜を脱ぐ」という意味の熟語です。clothes は「衣服」の意味で，［クロウズ］と発音します。

⓫「私には考えがない」→「私にはわかりません」ということです。

⓬ another は「もう1つの，別の」の意味です。アヤは⓭で another hint を出しています。

⓮ got は get の過去形です。I got it. で「わかった」という意味を表します。

⓱ Everyone は3人称単数として扱うので，動詞が knows になっています。

Words & Phrases

□ souvenir［スーヴニア］ 名 みやげ
□ neighbor［ネイバ］ 名 隣人
□ let［レト］ 動 〜させる
□ Let me see.［レト／ミー／スィー］ ええと。
　 jellyfish［ヂェリフィシュ］ 名 クラゲ
□ have to［ハフ／トゥ］ 〜しなければならない
□ off［オフ］ 副 〜から(離れて)
□ take off 〜［テイク／オフ］ 〜を脱ぐ

□ idea［アイディア］ 名 考え
□ I have no idea.［アイ／ハヴ／ノウ／アイディア］ わかりません。
□ relax［ゥリラクス］ 動 くつろぐ
□ got < get［ガト < ゲト］ 動 get の過去形
□ I got it.［アイ／ガト／イト］わかった。
□ hot spring［ハト／スプリング］ 名 温泉
　 Right.［ゥライト］ そのとおりです。

Question

ボブは温泉のマークを初め何だと考えましたか。

ヒント ボブは❼で，推測したものを答えています。

解答例 クラゲ。

119

🔑 Key Sentences

You **have to** take off your shoes. あなたは靴を脱がなければなりません。

You **don't have to** put your shoes into the shoe box.

あなたは靴箱にあなたの靴を入れる必要がありません。

▶ 〈have [has] to + 動詞の原形〉で「〜しなくてはいけない，〜する必要がある」の意味を表します。has は，主語が3人称単数のときに使います。

▶ 〈don't [doesn't] have to + 動詞の原形〉で「〜する必要がない，〜しなくてよい」の意味を表します。doesn't は，主語が3人称単数のときに使います。

📦 Tool Kit

I (don't) have to **save money**.

訳 私はお金を節約しなければなりません（節約する必要がありません）。

| 例 I / save money | ❶ you / memorize your speech | ❷ Liz / finish her homework by tomorrow | ❸ my father / work until nine today |
| save　節約する money　お金 | memorize　〜を暗記する speech　スピーチ | finish　〜を終える tomorrow　あした | work　働く until　〜まで |

解答例

❶ You (don't) have to memorize your speech.

訳 あなたはあなたのスピーチを暗記しなければなりません（暗記する必要がありません）。

❷ Liz has [doesn't have] to finish her homework by tomorrow.

訳 リズは彼女の宿題をあしたまでに終えなければなりません（終える必要がありません）。

❸ My father has [doesn't have] to work until nine today.

訳 私の父は今日，9時まで働かなければなりません（働く必要がありません）。

語句
save [セイヴ]　　　　　動 節約する

memorize [メモライズ]　動 〜を暗記する

finish [フィニシュ]　　動 〜を終える

tomorrow [トマロウ]　　副 あした

until 〜 [アンティル]　 前 〜まで

money [マニ]　　　　名 お金

speech [スピーチ]　　名 スピーチ

by 〜 [バイ]　　　　前 〜までに

work [ワーク]　　　　動 働く

🔊 **音のつながり**

We have‿to take off our clothes in this place.

[ウィー　ハフトゥ　テイク　オフ　アウア　クロウズ　イン　ズィス　プレイス]

（私たちはこの場所で服を脱がなければいけません）

🎧 Listen

Listen 会話を聞いて，Kana がしなければならないことを表す絵を選び，記号を○で囲もう。

▶ have to ～ に注意して，Kana（カナ）が何をしなければならないのかを聞き取りましょう。

🧠 Think & Try!

次の会話を演じてみよう。最後のアヤのセリフは自由に言ってみよう。

Bob: What does this symbol mean?

Aya: Can you guess?

Bob: Let me see.... Is it a jellyfish?

Aya: No. It's a place. We have to take off our clothes in this place.

Bob: I have no idea. I want another hint.

Aya: _____.

例 It's hot water. / The ones in Beppu are popular.

日本語訳

ボブ：この記号はどんな意味？

アヤ：推測できる？

ボブ：ええと…。それはクラゲ？

アヤ：いいえ。それはある場所のこと。私たちはこの場所で服を脱がなければいけません。

ボブ：ぼくにはわかりません。別のヒントがほしいです。

アヤ：_____。

例　それはお湯です。／別府にあるそれは人気があります。

▶例の2つ目，The ones in Beppu are popular. の ones は，one の複数形で「もの」という意味です。答えを伏せるために，複数形の hot springs（温泉）の代わりに使われています。

121

Part 2

Goal 許可を求めたり，すべきこと，してはいけないことを伝えたりしよう。
英語の授業で，アヤが標識クイズを始めようとしています。

Aya: ❶ May I start, Ms. King?

Ms. King: ❷ Sure, Aya.

Aya: ❸ OK. ❹ You have to answer in English. ❺ Ready?

Students: ❻ Yes!

Aya: ❼ What does this sign mean?

Bob: ❽ We can rest here. ❾ A rest area?

Aya: ❿ That's right. ⓫ How about this?

Mei: ⓬ We mustn't bring pets here.

Aya: ⓭ Right! ⓮ What does this mean then?

Kenta: ⓯ Penguins have to cross here.

Aya: ⓰ No, Kenta. ⓱ Penguins cannot read the sign.

Kenta: ⓲ I was just kidding. ⓳ Drivers must go slowly.

Aya: ⓴ You're right! ㉑ Penguins sometimes cross here.

日本語訳

アヤ：❶始めてもよろしいですか，キング先生？

キング先生：❷もちろんですよ，アヤ。

アヤ：❸わかりました。❹皆さんは英語で答えなければなりません。❺準備ができましたか？

生徒たち：❻はい！

アヤ：❼この標識はどんな意味でしょうか？

ボブ：❽ぼくたちはここで休むことができるんだね。❾休憩区域ですか？

アヤ：❿そのとおり。⓫これはどうですか？

メイ：⓬私たちはここにペットを連れて来てはいけない，です。

アヤ：⓭そのとおり！　⓮それではこれはどんな意味ですか？

ケンタ：⓯ペンギンはここを横断しなくてはいけない，です。

アヤ：⓰ いいえ，ケンタ。⓱ ペンギンはその標識が読めないわよ。

ケンタ：⓲ ほんの冗談でした。⓳ 運転手はゆっくり進まなくてはいけない，です。

アヤ：⓴ そのとおり！　㉑ ペンギンがときどきここを横断するのです。

解説

❶ May I 〜? は「〜してもよろしいですか」と，ていねいに許可を求める表現です。親しい人に対しては Can I 〜? と言うこともできます。

❹ have to 〜 は「〜しなくてはいけない」，in English は「英語で」という意味です。

❺ Ready? は Are you ready? を短く言ったもので，「準備ができましたか」ということです。

❽❾ ❽の rest は「休む」という意味の動詞，❾の rest は「休憩」という意味の名詞です。rest area（休憩区域）とは「休憩のための場所」ということです。

❿ That's right. は You're right. と言っても同じです。

⓫ How about 〜? は「〜はどうですか」という意味です。

⓬ メイが標識の意味を答えています。mustn't は must not の短縮形です。〈must not + 動詞の原形〉で「〜してはいけない」という禁止を表します。

⓯ ケンタが標識の意味を答えています。have to 〜 は「〜しなくてはいけない」の意味でしたね。主語の Penguins が複数なので，has ではなく have が使われています。

⓲ I was just kidding. で「ほんの冗談でした」の意味を表します。(kid「冗談を言う」)

⓳ 〈must + 動詞の原形〉で「〜しなくてはいけない」という強い命令を表します。

㉑ here（ここで）は「この標識のある場所で」ということです。

Words & Phrases

□ **may**［メイ］	助 → May I 〜?
□ May I 〜 ?［メイ／アイ］	〜してもよろしいですか。
□ **answer**［アンサ］	動 〜に答える
□ **ready**［ゥレディ］	形 準備ができた
□ **rest**［ゥレスト］	動 休む　名 休憩
□ **area**［エアリア］	名 区域，地域
□ **mustn't** ← must not［マスント ← マスト／ナト］	〜してはいけない
□ **cross**［クロス］	動 横断する
□ cannot［キャナト］	can の否定形
□ **kid(ding)**［キド(キディング)］	動 冗談を言う
I was just kidding.［アイ／ワズ／チャスト／キディング］	ほんの冗談だよ。
□ **driver(s)**［ドライヴァ(ズ)］	名 運転手
□ **must**［マスト］	助 〜しなければならない
□ **slowly**［スロウリ］	副 ゆっくり

📖 Question

ケンタはどんな冗談を言いましたか。

ヒント ペンギンの標識を見て，ケンタは⓯の文のように言っています。

解答例 ペンギンはここを横断しなくてはいけない（という意味だと言った）。

🔑 Key Sentences

I **must** study hard this week.	私は今週，一生懸命に勉強しなくてはいけません。
I **mustn't** play video games.	私はテレビ・ゲームをしてはいけません。
May I start?	始めてもよろしいですか。

▶ must ～ は「～しなくてはいけない」という強い命令を表します。

▶ must not［mustn't］は「～してはいけない」という禁止を表します。

▶ May I ～？は「～してもよろしいですか」と，目上の人や客にていねいに許可を求める表現です。友達同士などの場合は Can I ～？と言うのがふつうです。

📦 Tool Kit

<u>Drivers</u> <u>must</u> <u>go slowly</u>.

訳 運転手はゆっくり進まなくてはいけません。

 例 drivers / ○ go slowly

 ❶ drivers / × talk on the smartphone

 ❷ I / ○ improve my communication skills

improve ～を向上させる
communication skill(s) コミュニケーション能力

 ❸ we / × give up

give up あきらめる

❶ Drivers mustn't talk on the smartphone.

訳 運転手はスマートフォンで話してはいけません。

❷ I must improve my communication skills.

訳 私はコミュニケーション能力を向上させなければなりません。

❸ We mustn't give up.

訳 私たちはあきらめてはいけません。

語句 improve［インプルーヴ］動 ～を向上させる

communication skill(s)［カミューニ**ケイ**ション／ス**キル**］

コミュニケーション能力

give up［**ギヴ／ア**プ］ あきらめる

🎧 Listen

Listen Kana が自分の夢について授業でスピーチしています。夢の実現のために，Kana がしなければならないと考えていることを選び，（　）に○を書こう。

（　　）　（　　）　（　　）

（　　）　（　　）　（　　）

▶英語を聞く前に，🅐 〜 🅕が何をしているところかを確かめておきましょう。

▶「〜しなければならない」を must 〜 で表しています。

🧠 Think & Try!

ペアで標識についてのクイズを出し合ってみよう。

A: You have to answer in English.
Ready?

B: Yes!

A: What does this sign mean?

日本語訳

A：あなたは英語で答えなければなりません。
　　準備ができましたか？
B：はい！
A：この標識はどんな意味でしょうか？

🔊 発音
must［マスト］− mustn't［マスント］

Part 3

 Goal 予想やできることを伝えよう。

アヤがピクトグラム (絵文字) について発表しています。

❶In a global society, do people have to learn many languages? ❷Not really. ❸Pictograms may help.

❹In 1964, the Japanese Olympic Committee created many pictograms for the first time. ❺Visitors were able to find first-aid rooms easily, for example.

日本語訳

❶国際社会では，人々は多くの言語を学ばなければならないのでしょうか？　❷そんなことはありません。❸ピクトグラムが助けてくれるかもしれません。

❹1964年に，日本オリンピック委員会が初めて多くのピクトグラムを考案しました。❺訪問者たちは，たとえば救急室を簡単に見つけることができました。

解 説

❶do people have to learn ～ は「人々は～を学ぶ必要がありますか [学ばなければなりませんか]」という疑問文です。ふつうの文にすると，people have to learn ～（人々は～を学ぶ必要があります [学ばなければなりません]）となります。

❷Not (ではない) + really (本当に) . で，「そんなことはありません」という返事になります。「それほどでもありません」などと訳してもかまいません。

❸may は動詞の前に置いて「～するかもしれない」という予想や推量を表します。help は「助ける，手伝う」の意味ですが，ここでは「(多くの言語を学ばなくても，ピクトグラムがその代わりになって) 助けてくれる (かもしれない)」ということです。

❹created は create (～を創造 [創作，考案] する) の過去形，for the first time は「初めて」という意味です。

❺visitor(s) は「訪問者 (たち)」で，ここでは1964年の東京オリンピックに合わせて来日した海外の人々をさしています。were able to ～ は「～することができた」という意味です。ここでは主語の Visitors が複数で過去の文なので，be 動詞に were が使われています。for example は「たとえば」の意味です。簡単に見つけられる (find easily) 例として first-aid rooms (救急室) があげられています。

Words & Phrases

☐ **global** [グロウバル]　　　　　　形 世界的な，地球上の

☐ **society** [ソサイエティ]　　　　　名 社会

□ **learn**［ラーン］　　　　　　　　　　　　動（〜を）習う，学ぶ，教わる

□ **language(s)**［ラングウィヂ(ィズ)］　　　名 言語，ことば

□ Not really.［ナト／ゥリーアリ］　　　　　（返事で）そんなことはありません。

□ pictogram(s)［ピクトグラム(ズ)］　　　　名 絵文字

▶ may［メイ］　　　　　　　　　　　　　　助 〜かもしれない

　　1964 = nineteen sixty-four

□ **Olympic**［オリンピク］　　　　　　　　形 オリンピックの　　名 オリンピック

　　Japanese Olympic Committee［ヂャパニーズ／オリンピク／カミティ］
　　　　　　　　　　　　　　　　　　　　　日本オリンピック委員会

□ **create(d)**［クリエイト(クリエイティド)］　動 創作する，考案する

□ for the first time［フォー／ザ／ファースト／タイム］　初めて

□ **visitor(s)**［ヴィズィタ(ズ)］　　　　　　名 来訪者，来園者

□ **able**［エイブル］　　　　　　　　　　　　形〔be able to 〜 で〕〜できる

□ were able to 〜［ワー／エイブル／トゥー］　〜することができた

□ **first-aid**［ファーストエイド］　　　　　　形 救急の

□ **easily**［イーズィリ］　　　　　　　　　　副 簡単に，やさしく

🔑 Key Sentences

Bob **may** help you.　　　　　　　　　ボブがあなたを手伝ってくれるかもしれません。

He **is able to** read difficult English books.　彼は難しい英語の本を読むことができます。

▶ may は動詞の前について「〜するかもしれない」という予想や推量を表します。can や must と同じく，主語が何であっても形は変わりません。

▶〈be 動詞 + able to + 動詞の原形〉で「〜できる，〜する能力がある」を表します。どの be 動詞を使うかは，主語や時制(現在の文か過去の文か)で決まります。

🎧 Listen

Listen Miyu と Elly の会話を聞き，Tom についてわかったことを書こう。

［　　 ］

▶会話の中で，Tom について話していることを聞き取りましょう。

🔊) 語句のリズム

the Olympics and Paralympics

＊大きい丸の部分を強く発音します。全体をリズムよく発音してみましょう。

➡教科書 p.93

❶Now pictograms use colors.　❷Sometimes the color is important.
❸For example, green usually stands for safety.　❹So, many pictograms for emergency exits are green.

❺For the 2020 Tokyo Olympics and Paralympics, we had 40 new pictograms.　❻Can you find the new ones?

駐車場
Parking

駐車場
Parking

乳幼児用設備
Nursery

ベビーケアルーム
Baby care room

温泉
Hot spring

温泉
Hot spring

日本語訳

❶今，ピクトグラムには色が使われています。❷その色が重要なときもあります。❸たとえば，緑はふつう安全を表します。❹それで，非常口用の多くのピクトグラムは緑です。

❺2020年の東京オリンピック・パラリンピック用に，私たちは40の新しいピクトグラムを考案しました。❻あなたは新しいものを見つけることができますか？

解 説

❶Now は「今，現在では」の意味です。主語の pictograms が複数なので，動詞は uses にはなりません。「ピクトグラムは色を使っている」→「ピクトグラムには色が使われている」と考えます。

❷「ときどき～です」は「～なときもあります」と訳すと，自然な日本語になります。

❸For example, ～（たとえば，～）と，色が重要な場合の「例」をあげています。stand for ～ は「～を表す」という意味です。主語の green は3人称単数なので，動詞が stands になっています。

❹So, ～ は「それで～，だから～」と「結果」を示す表現です。ここでは「緑はふつう安全を表すので，（その結果）～」ということです。この文の主語は many pictograms for emergency exits という複数形であることに注意しましょう。

❺had（〜を持った）は，ここでは created（考案した）と同じ意味です。

❻new ones（新しいもの）は new pictograms をさします。教科書 p.93に，2020年以前のもの（左側）と新しくなったもの（右側）が，3種類並んでいます。新しいピクトグラムのほうが外国人にわかりやすいというわけです。

📕 Words & Phrases

☐ **important**［インポータント］ 　　　　　　　　　形 重要な，大切な

▶ stand(s)［スタンド（スタンズ）］ 　　　　　　　　動 〜の状態にある

☐ stand(s) for 〜［スタンド（スタンズ）／フォー］ 　　　〜を表す，意味する

☐ **safety**［セイフティ］ 　　　　　　　　　　　　名 安全

☐ emergency exit(s)［イマーヂェンスィ／エグズィット（エグズィッツ）］　名 非常口

　2020＝ twenty twenty［トウェンティ／トウェンティ］

☐ **Paralympic(s)**［パラリンピク（ス）］ 　　　　　　名 パラリンピック

　Tokyo Olympics and Paralympics 　　　　東京オリンピック・パラリンピック

📖 Question

日本オリンピック委員会がピクトグラムを初めて考案したのはいつですか。

ヒント　教科書 p.92，5行目の created は「考案した」，for the first time は「初めて」の意味です。

解答例　1964年（です）。

🧠 Think & Try!

次の文に続けて，ピクトグラムについて発表してみよう。

❶In a global society, do people have to learn many languages?　❷Not really.

❸Pictograms may help.

❹Look, this stands for _____.

コインロッカー
Lockers

自動販売機
Vending machine

コンビニエンスストア
Convenience store

日本語訳

❶国際社会では，人々は多くの言語を学ばなければならないのでしょうか。❷そんなことはありません。❸ピクトグラムが助けてくれるかもしれません。

❹見てください，これはコインロッカー／自動販売機／コンビニエンスストアを表します。

📖 Aya がピクトグラムについて発表する前に Bob と話しています。(　　)に適切な語を書こう。

Bob: Signs are very important for our lives.

Aya: Yes. We can see many kinds of signs. For example, what does this sign ¹(　　　　) ?

Bob: We ²(　　　　) cross here.

Aya: Right. Do you know about pictograms in Japan?

Bob: I don't know much about them.

Aya: In 1964, the Japanese Olympic Committee ³(　　　　　) many pictograms for the first ⁴(　　　　　). Visitors were ⁵(　　　　) to find first-aid rooms ⁶(　　　　), for example.

解答と解説

1(mean)　「～を意味する」を表す動詞が入ります。

2(mustn't)　「横断禁止」を英語で言うと「ここを横断してはならない」となります。must not の短縮形が入ります。

3(created)　made (～をつくった)でも意味は通じますが，教科書では「～を考案した」という意味の動詞（過去形）が使われています。

4(time)　「初めて」は for the first time といいます。

5(able)　〈be 動詞 + able to + 動詞の原形〉で「～することができる，～する能力がある」の意味を表します。

6(easily)　find ～ easily で「簡単に～を見つける」の意味を表します。

日本語訳

ボブ：標識はぼくたちの生活にとってとても大切だね。

アヤ：ええ。私たちは多くの種類の標識を見かけるわ。たとえば，この標識はどんな意味？

ボブ：ぼくたちはここを横断してはいけない。

アヤ：そのとおり。あなたは日本のピクトグラムについて知ってる？

ボブ：ぼくはそれらについてあまり知らないんだ。

アヤ：1964年に，日本オリンピック委員会が初めて多くのピクトグラムを考案したの。訪問者たちは，たとえば救急室を簡単に見つけることができたのよ。

Task

➡教科書 p.94

■日本語訳を参考にしてみよう。

Mei が友達の通っているシンガポールのウッドパーク中等学校 (Woodpark Secondary School) のルール (rules) について話します。その学校の主なルールについて聞き取ったことのうち 2つを選び，あなたの学校のルールとあわせて発表しよう。

● ウッドパーク中等学校のルール

Students in Woodpark Secondary School have to _____

_____ .

They _____ .

● あなたの学校のルール

We have to _____ .

We _____ .

日本語訳

●ウッドパーク中等学校のルール

ウッドパーク中等学校の生徒たちは_____。

_____なければいけません。

彼らは_____。

●あなたの学校のルール

私たちは_____なければいけません。

私たちは_____。

A: ❶You must get up early, Taro. ❷You must not be late for school.

B: ❸Do I have to get up early on Sundays?

A: No. ❹You don't have to.

日本語訳

A：❶あなたは早く起きなくてはいけませんよ,タロウ。❷あなたは学校に遅れてはいけませんよ。

B：❸ぼくは日曜日に早く起きる必要がありますか。

A：いいえ。❹あなたはそうする必要がありません。

語句 be late for 〜 　〜に遅れて

A: What is Taro doing?

B: ❺He may be taking a bath.

日本語訳

A：タロウは何をしていますか。

B：❺彼はおふろに入っているかもしれません。

1.「強い命令」や「禁止」を伝えるとき…… ❶, ❷

You **must** get up early tomorrow. 　訳 あなたはあした早く起きなくてはいけません。

You **must not** be late for school. 　訳 あなたは学校に遅れてはいけません。

2.「〜する必要がある」「〜する必要はない」と伝えるとき…… ❸, ❹

You **have to** take off your shoes in this room.

訳 あなたはこの部屋であなたの靴を脱ぐ必要があります。

You **don't have to** do your homework now.

訳 あなたは今,あなたの宿題をする必要がありません。

3.「〜かもしれない」と述べるとき…… ❺

「〜することができる」と述べるとき

Taro **may** be taking a bath now. 　訳 タロウは今,おふろに入っているかもしれません。

My father **is able to** speak three languages.

訳 私の父は3つの言語を話すことができます。

Project 1

→教科書 p.96

Goal オリジナルの標識を考えて発表しよう！

■日本語訳を参考にしてみよう。

2 Akari のクラスメートがオリジナルの標識を考えました。それぞれの標識の意味を表す英文を選ぼう。

（ ④ ）　　　（ ③ ）　　　（ ① ）　　　（ ② ）

① Don't sleep in class.　　　　　　　　　　訳 授業中に眠ってはいけません。

② Don't swim in hot springs.　　　　　　訳 温泉で泳いではいけません。

③ You can dance to music in this park.　訳 あなたはこの公園で音楽に合わせて踊ることができます。

④ Don't eat shaved ice too much.　　　　訳 かき氷を食べすぎてはいけません。

語句 eat ～ too much　～を食べすぎる

3 あなたが考えた標識の絵を描き，説明する英文を書こう。

This sign means, "＿＿＿＿＿."　　　　訳 この標識は「＿＿＿＿＿」を意味します。

参考

1. have [has] to ～ と must ～

▶どちらも「～しなければならない」の意味で，言いかえ可能ですが，have [has] to ～ は「そうする理由があるから～しなければならない」（客観的な必要性），must ～ は「自分はそう思うから…は～しなければならない」（話し手の命令）ということです。

▶否定の don't [doesn't] have to ～ と must not ～ は，まったく意味が違います。

You don't have to go shopping.　　訳 あなたは買いものに行く必要がありません。

You must not go shopping.　　　　訳 あなたは買いものに行ってはいけません。

▶「～しなければならなかった」と過去のことを言うときは，have [has] の過去形 had を使って表します（must の過去形はありません）。

She had to go shopping.　　訳 彼女は買いものに行かなければなりませんでした。

2. can と be able to

▶どちらも「～することができる」（能力）の意味で，言いかえ可能ですが，can は「～してもよい」（許可）や「～してくれますか」（依頼）の意味でも使えます。

例 You can go shopping.　　訳 あなたは買いものに行ってもいいですよ。

例 Can you go shopping?　　訳 買いものに行ってくれますか。

133

Goal 物語文を，次にどのようなできごとが起きるか予想しながら読もう。

メグがコーヒー店に入ると，年老いた女性がいました。メグは女性の足元（あしもと）にいたイヌについて，いろいろとたずね，イヌにクッキーをあげようとしますが…。

➡ 教科書 p.98

1

❶ Meg was very thirsty.　❷ She went into a coffee shop.　❸ An old woman was at a table near the door.　❹ A small dog was at her feet.

❺ Meg bought a glass of juice and some cookies.　❻ She sat down at the table next to the old woman.　❼ The old woman was very quiet.　❽ She didn't say anything for a long time.　❾ Meg thought, "She is lonely!"

日本語訳

❶ メグはとてものどが渇（かわ）いていました。❷ 彼女（かのじょ）はあるコーヒー・ショップに入って行きました。❸ 一人の年老いた女性がドアの近くのテーブルについていました。❹ 1匹（びき）の小さなイヌが彼女の足元にいました。

❺ メグはグラス1杯（ぱい）のジュースとクッキーをいくつか買いました。❻ 彼女はその老婦人のとなりのテーブルにつきました。❼ その老婦人はとても静かでした。❽ 彼女は長い間，何も言いませんでした。❾ メグは，「彼女は寂（さび）しいんだ」と思いました。

解 説

❷ went は go の過去形です。went into ～ で「～の中に行った」→「～に入って行った」の意味になります。

❸ An old woman は「一人の年老いた女性」つまり「一人の老婦人，おばあさん」のことです。was at ～ は「～のところにいた」，table near the door は「ドアの近くのテーブル」という意味です。

❹ この was at ～ も「～のところにいた」ということです。feet は foot（足）の複数形です。

❺bought は buy（〜を買う）の過去形です。メグが買ったのは a glass of juice（1杯のジュース）と some cookies（いくつかのクッキー）でした。cookies は cookie の複数形です。

❻sat は sit の過去形です。sat down で「すわった，腰かけた」の意味になります。at the table next to the old woman は「その老婦人のとなりのテーブル（のところ）に」という意味です。the old woman の the は，old が母音で始まっているので［ザ］ではなく［ズィ］と発音します。

❽過去の否定文です。anything は否定文で使うと「何も（〜ない）」の意味になります。didn't say anything で「何も言わなかった」ということです。for a long time は「長い間」でしたね。

❾thought は think（〜と思う）の過去形です。長い間何も言わない様子を見て，メグはその老婦人を lonely（寂しい，孤独な）だと思いました。

📖 Words & Phrases

☐ **woman**［ウマン］	名 女性
Meg［メグ］	名 メグ（女の人の名）
☐ thirsty［サースティ］	形 のどが渇いた
☐ **into**［イントゥー］	前 〜の中に
☐ go into 〜［ゴウ／イントゥー］	〜に入る
☐ **feet** < **foot**［フィート／フト］	名 foot（足）の複数形
at her feet［アト／ハー／フィート］	彼女の足元に
☐ **bought** < buy［ボート < バイ］	動 buy（〜を買う）の過去形
☐ **glass**［グラス］	名 グラス
☐ a glass of 〜［ア／グラス／アヴ］	グラス1杯の〜
☐ cookie(s)［クキ（クキズ）］	名 クッキー
☐ sat < sit［サト < スィト］	動 sit（すわる）の過去形
☐ next to 〜［ネクスト／トゥー］	〜のとなりの
☐ **quiet**［クワイエト］	形 静かな
☐ **anything**［エニスィング］	代〔否定文で〕何も（〜ない）
☐ for a long time［フォー／ア／ロング／タイム］	長い間
☐ **thought** < **think**［ソート < スィンク］	動 think（〜と思う）の過去形
☐ **lonely**［ロウンリ］	形 寂しい

📖 Question

なぜメグは年老いた女性が寂しいのだと思ったのですか。

ヒント ❼と❽の文に，メグがそう思った理由が述べられています。

解答例 年老いた女性はとても静かで，長い間何も言わなかったから。

2

❶Meg went to the old woman and talked to her. ❷"It is very hot today," she said. ❸"Yes, but it is nice inside here," replied the old woman.

❹Meg looked at the dog and asked, "Does your dog like people?" ❺The woman answered, "Oh, yes! ❻He loves people."

❼Meg asked, "Does your dog like cookies?" ❽"They are his favorite food," said the old woman.

3

❾Meg was very afraid of dogs. ❿She asked, "Does your dog bite?" ⓫The old woman smiled and said, "No! ⓬My dog is very tame. ⓭He is even afraid of cats!"

⬤ 日本語訳

❶メグは老婦人のところに行き，彼女に話しかけました。❷「今日はとても暑いですね」と彼女は言いました。❸「はい，でもこの中は気持ちがいいですね」と老婦人は答えました。

❹メグはイヌを見て，「あなたのイヌは人間が好きですか？」とたずねました。❺老婦人は「ああ，そうですよ！　❻彼(かれ)は人間が大好きです」と答えました。

❼メグは「あなたのイヌはクッキーが好きですか？」とたずねました。❽「それは彼のお気に入りの食べものです」と老婦人は言いました。

❾メグはイヌをとても恐(おそ)れていました。❿彼女は「あなたのイヌはかみつきますか？」とたずねました。⓫老婦人はほほえんで，「いいえ！　⓬私のイヌはとても人に慣れています。⓭彼はネコを恐れてさえいるんですよ！」と言いました。

解説

❶ went to ~ は「~（のところ）に行った」，talked to ~ は「~に話しかけた」という意味です。

❷ It は天気や寒暖を表すときの主語です。「それは」と訳さないようにしましょう。said は say の過去形で［セド］と発音します。コンマ（ , ）のあとの she said は said she と逆にすることもできます。

❸ it is nice inside here は「（外はとても暑いが）ここの内側［室内］は快適だ」ということです。replied は reply（答える）の過去形です。コンマ（ , ）のあとの replied the old woman は the old woman replied と逆にすることもできます。

❹ Does your dog like people? は主語が3人称単数の疑問文です。people（人々）はここでは「人間」をさします。メグは老婦人の足元にいるイヌを老婦人のイヌだと思い込んでいます。

❻ 老婦人は，足元にいるイヌではなく，自分の飼っているイヌを He と呼んでいます。

❽ They は cookies をさします。favorite food は「お気に入りの食べもの」つまり「大好物」ということです。

❾ 〈be 動詞 + afraid of ~〉は「~を恐れ（てい）る」という意味です。主語が Meg で過去の文なので，be 動詞に was が使われています。

⓭ even は「~さえ」で，「ネコを恐れてさえいる」ということです。

📖 Words & Phrases

□ **said** < say ［セド < セイ］　　動 say の過去形
□ **inside** ［インサイド］　　前 ~の内側に
□ replied < reply ［ゥリプライド < ゥリプライ］　　動 reply（答える）の過去形
□ bite ［バイト］　　動 かむ
□ tame ［テイム］　　形 人に慣れた
□ **even** ［イーヴン］　　副 ~さえ

📖 Question

メグは年老いた女性に，イヌについてどんな質問をしましたか。

ヒント　メグが年老いた女性にした質問は，❹と❼と⓾の文のダブルクォーテーション（" "）の中に書かれています。

解答例　「あなたのイヌは人間が好きですか」，「あなたのイヌはクッキーが好きですか」，「あなたのイヌはかみつきますか」（という質問をしました）。

➡教科書 p.100

❶Meg took a cookie in her hand and reached under the table. ❷She put it near the dog's mouth. ❸The dog didn't bite the cookie. ❹He bit her hand! ❺Meg jumped up. ❻She screamed, "You said, 'He doesn't bite.'"

❼The old woman looked at Meg and then at the dog. ❽Then she said, "That's not my dog!"

日本語訳

❶メグは手に1枚のクッキーを取り，テーブルの下に（手を）差し出しました。❷彼女はそれをイヌの口の近くに置きました。❸イヌはそのクッキーにかみつきませんでした。❹彼は彼女の手をかんだのです。❺メグは跳び上がりました。❻彼女は「あなたは『彼はかみつかない』って言ったじゃない」と叫びました。

❼老婦人はメグを見て，それからイヌを見ました。❽それから彼女は「それは私のイヌじゃないのよ！」と言いました。

解 説

❶took は take の過去形です。took 〜 in her hand で「手に〜を取った」という意味になります。reached は reach（（手を）差し出す）の過去形です。

❷put は put（〜を置く）の過去形です。原形と過去形が同じつづりであることに注意しましょう。

❸「かまなかった」は「食べなかった」ということです。

❹bit は bite（〜をかむ）の過去形です。her hand は Meg's hand をさします。

❻You は老婦人をさします。また，He はそこにいるイヌをさしています。

❼この then は「それから，その後」という意味です。and then で「そしてそれから」という意味になります。

❽この Then も「それから，その後」という意味です。That は，老婦人の足元にいるイヌをさしています。That's not my dog! は That isn't my dog! と言っても同じです。

📙 Words & Phrases

□ **reach(ed)** ［ゥリーチ（ト）］ 　 🅐 (手を)差し出す
□ **bit < bite** ［ビト < バイト］ 　 🅐 bite の過去形
□ **jump up** ［ヂャンプ／アプ］ 　 跳び上がる
□ **scream(ed)** ［スクリーム（ド）］ 　 🅐 叫ぶ

📖 Question

イヌは，メグが差し出したクッキーを食べましたか。

ヒント ❸の文の didn't bite ～ は「～をかまなかった，～にかみつかなかった」という意味です。

解答例 いいえ（食べませんでした）。

Comprehension Check

次の質問に英語で答えよう。

1. Why did Meg go into the coffee shop?
   訳 メグはなぜコーヒー・ショップに入って行ったのですか。
2. What did she buy there?
   訳 彼女はそこで何を買いましたか。
3. Does the old woman's dog like cookies?
   訳 老婦人のイヌはクッキーが好きですか。
4. What did the dog bite?
   訳 そのイヌは何にかみついたのですか。

解答例

1. Because she was very thirsty.
   訳 彼女はとてものどが渇いていたからです。
2. She bought a glass of juice and some cookies.
   訳 彼女はグラス1杯のジュースとクッキーをいくつか買いました。
3. Yes, he does. They are his favorite food.
   訳 はい，好きです。それらは彼のお気に入りの食べものです。
4. He bit Meg's hand.
   訳 彼はメグの手にかみつきました。

Lesson 8 Holiday in Hokkaido 北海道での休日

Write about plans of your holiday!
あなたの休日の計画について書きましょう。

What are you going to do next holiday?
あなたは今度の休日に何をする予定ですか。

□ **holiday**［ハリディ］名 休日　　□ **plan(s)**［プラン（ズ）］名 計画

➡教科書 pp.102−103

Part 1

Goal　予定について伝えたり，たずねたりしよう。
ボブとアヤが，冬休みの予定について話しています。

Bob: ❶Do you have any plans for the winter vacation, Aya?

Aya: ❷Yes, I'm going to visit my friend in Hokkaido.

Bob: ❸Hokkaido?　❹That's nice.

Aya: ❺My friend's name is Hanna.　❻She's from Finland.

Bob: ❼Where did you meet?

Aya: ❽She was my classmate in elementary school.
❾She moved to Hokkaido last spring.

Bob: ❿Oh, I see.　⓫What are you going to do there?

Aya: ⓬We have some plans.　⓭We're going to visit Asahiyama Zoo, for example.

日本語訳

ボブ：❶冬休みの計画が何かある，アヤ？
アヤ：❷ええ，私は北海道の友達を訪ねる予定よ。
ボブ：❸北海道？　❹それはすてきだね。
アヤ：❺私の友達の名前はハンナ。❻フィンランドの出身よ。
ボブ：❼きみたちはどこで出会ったの？
アヤ：❽彼女は小学校で私の同級生だったの。❾この前の春に北海道に引っ越したの。
ボブ：❿ああ，そうなんだ。⓫きみたちはそこで何をする予定？
アヤ：⓬いくつか計画があるわ。⓭たとえば，旭山動物園を訪れる予定よ。

解説

❶ Do you have ～? は「あなたには～がありますか」という文。any は「何かの」という意味です。

❷〈be 動詞 + going to + 動詞の原形〉は「～する予定だ，～するつもりだ」と，すでに決めた予定を表します。be 動詞 (am, are, is) は主語に合わせて選びます。

❸ これは Are you going to visit your friend in Hokkaido?（あなたは北海道の友達を訪ねる予定なのですか）という内容を 1 語で言ったものです。「あなたは～する予定［つもり］ですか」という疑問文は，be 動詞を主語の前に置けばつくれます。

❹ That's は That is の短縮形です。That（それ）は「北海道の友達を訪ねること」をさします。

❼ 場所をたずねるときは Where で文を始めます。you はここでは「あなたたち（アヤとハンナ）をさします。meet は「出会う」ということです。

❾ moved は move の過去形です。moved to ～ で「～に引っ越した」の意味を表します。

⓫ What で始まる疑問文なので，「何を／あなたたちはする予定［つもり］ですか／そこで」と考えます。there（そこで）は in Hokkaido（北海道で）をさしています。

⓭ We're は We are の短縮形です。この文も「～する予定［つもり］です」と，未来にすることを説明しています。for example は「たとえば」の意味です。⓬の some plans（いくつかの計画）の例として，旭山動物園への訪問をあげています。

 Words & Phrases

Hanna［ハンナ］　　　　　　　　　　　　名 ハンナ（女の人の名）

□ elementary school［エレメンタリ／スクール］名 小学校

□ **move(d)**［ムーヴ（ド）］　　　　　　　　動 引っ越す

 Question

Where is Hanna from?（ハンナはどこの出身ですか）

ヒント ❺と❻の文から判断できます。

解答例 She is［She's］from Finland.（彼女はフィンランドの出身です）

⚷ Key Sentences

What are you **going to** do in Hokkaido**?**	あなたたちは北海道で何をするつもりですか。
— We **are going to** visit the zoo.	―私たちは動物園を訪れるつもりです。

▶ 〈be 動詞 + going to + 動詞の原形〉は，すでに決めた予定を伝える表現です。

▶ 「何を～する予定か」をたずねるときは〈What + be 動詞＋主語 + going to + 動詞の原形 ～?〉
の形にします。be 動詞は主語に合わせます。「彼は北海道で何を食べるつもり[予定]ですか」
ならば，What is he going to eat in Hokkaido? となります。

◉ Tool Kit

What <u>are</u> **you** going to do this weekend? — <u>I am</u> going to **study English**.

訳 あなたは今週末に何をする予定ですか。 — 私は英語を勉強する予定です。

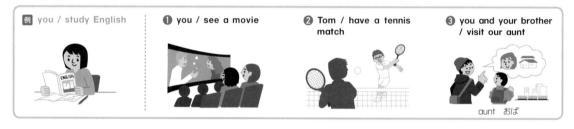

| 例 you / study English | ❶ you / see a movie | ❷ Tom / have a tennis match | ❸ you and your brother / visit our aunt |

aunt　おば

❶ What are you going to do this weekend? — I'm going to see a movie.

　訳 あなたは今週末に何をする予定ですか。 — 私は映画を見る予定です。

❷ What is Tom going to do this weekend? — He is[He's]going to have a tennis match.

　訳 トムは今週末に何をする予定ですか。 — 彼はテニスの試合をする予定です。

❸ What are you and your brother going to do this weekend? — We are [We're] going
　to visit our aunt.

　訳 あなたとお兄さん[弟さん]は今週末に何をする予定ですか。 — 私たちは私たちのおば
　　を訪ねる予定です。

語句

match［マチ］　　名試合

aunt［アント］　　名おば

🎧 Listen

Listen Liz と Sho が冬休みの予定について話しています。Liz の予定表を選び，記号を○で囲もう。

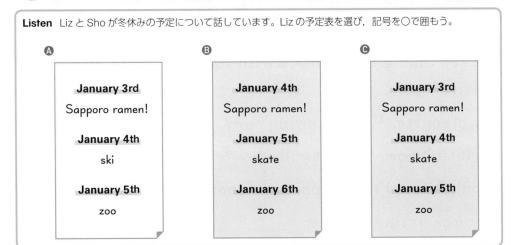

Ⓐ
January 3rd
Sapporo ramen!

January 4th
ski

January 5th
zoo

Ⓑ
January 4th
Sapporo ramen!

January 5th
skate

January 6th
zoo

Ⓒ
January 3rd
Sapporo ramen!

January 4th
skate

January 5th
zoo

▶リスニングは，必ずメモを取る習慣をつけましょう。

✱ Think & Try!

次の会話を演じてみよう。最後に自由にやりとりを加えよう。

A: I'm going to visit my friend in Hokkaido.

　She moved to Hokkaido last spring.

B: Oh, I see. What are you going to do there?

A: We have some plans. We're going to visit Asahiyama Zoo, for example.

例 B: Are you going to ski there?　A: Yes, we love skiing.

A：私は北海道にいる友達を訪ねる予定です。彼女はこの前の春に北海道に引っ越しました。

B：ああ，そうですか。あなたたちはそこで何をする予定ですか？

A：私たちには計画がいくつかあります。たとえば，旭山動物園を訪れる予定です。

例 B：あなたたちはそこでスキーをする予定ですか？　A：はい，私たちはスキーが大好きです。

▶「～する予定ですか」とたずねるときは，be 動詞を主語の前に置きます。

　Are you going to skate? (あなたはスケートをする予定ですか)

　— Yes, I am. (はい，そうです) ／ No, I'm not. (いいえ，そうではありません)

🔊 発音

[f] fox [ファクス]，first [ファースト]，Finland [フィンランド]

[v] move [ムーヴ]，visit [ヴィズィト]，vacation [ヴェイケイション]

Part 2 未来に対して予想していることについて伝えよう。
北海道の空港に到着(とうちゃく)したアヤが，迎(むか)えに来てくれたハンナと話しています。

Hanna: ❶Are you taking your camera with you, Aya? ❷We have lots of wonderful spots.

Aya: ❸Yes, of course. ❹Is it snowing now?

Hanna: ❺No, it isn't now. ❻But it will snow tomorrow.

Aya: ❼Good! ❽I want to take photos of snow scenes.

Hanna: ❾Hey, look at these photos.

Aya: ❿Beautiful! ⓫This is like jewelry!

Hanna: ⓬Oh, "jewelry ice."
⓭We can see it at sunrise.

Aya: ⓮I want to take photos of it.

Hanna: ⓯Sorry, you can't yet. ⓰It will appear in a few weeks.

🔘 日本語訳

ハンナ：❶カメラを持ってきている，アヤ？ ❷すばらしい場所がたくさんあるわよ。
　アヤ：❸ええ，もちろん。❹今は雪が降ってる？
ハンナ：❺いいえ，今は降ってない。❻でもあしたは雪が降るわ。
　アヤ：❼よかった！ ❽私，雪景色(ゆきげしき)の写真を撮りたいな。
ハンナ：❾ねえ，これらの写真を見て。
　アヤ：❿美しい！ ⓫これ，宝石みたい！
ハンナ：⓬あら，「ジュエリー・アイス」よ。⓭私たち，日の出のときにそれを見られるの。
　アヤ：⓮それの写真を撮りたいな。
ハンナ：⓯ごめん，まだ無理なの。⓰それは2〜3週間したら現れるの。

🔘 解 説

❶現在進行形の疑問文です。take 〜 with you で「〜を携帯(けいたい)して運ぶ」という意味になります。
　例 Take your umbrella with you.「傘(かさ)を持って行きなさい」

144

❷lots of ～ は，a lot of ～ と同じく「多くの～」という意味です。

❸「はい，もちろんです」は「はい，もちろんカメラを持ってきています」ということです。

❹現在進行形の疑問文です。it は天気を表すときに使う主語，snow は「雪が降る」という意味の動詞です。

❺No, it isn't now. は No, it isn't snowing now. を短く言ったものです。

❻will は，未来のことを「～だろう」と予想するときに使います。can や must などと同じく，主語が何であっても形は変わらず，あとに動詞の原形が続きます。

❽「～の写真」は，2枚以上なら photos [pictures] of ～ で表します。

❾動詞 look で始まる指示文です。these（これらの）は this の複数形です。

⓬jewelry は「宝石」，ice は「氷」です。教科書 p.104に写真が載っています。

⓯Sorry, you can't yet. は Sorry, you can't take photos of it yet. を短く言ったものです。yet は否定文で「まだ（～ない）」の意味を表します。

⓰It は jewelry ice をさしています。will があるので「～するだろう」という未来を表す文です。in a few weeks は「少しの週で」→「2～3週間したら」ということです。

📖 Words & Phrases

☐ **camera**［キャメラ］　　　　　名カメラ

☐ **spot(s)**［スパト（スパッ）］　　名場所，名所

☐ **course**［コース］　　　　　　名進行，経過

☐ of course［アフ／コース］　　　もちろん

☐ **snow(ing)**［スノウ（イング）］　動雪が降る　名雪

☐ **tomorrow**［トマロウ］　　　　副あした

☐ **scene(s)**［スィーン（ズ）］　　名場面，場所

　 hey［ヘイ］　　　　　　　　　間ねえ

☐ **jewelry**［ヂューエルリ］　　　名宝石・貴金属類

☐ **ice**［アイス］　　　　　　　　名氷

☐ sunrise［サンライズ］　　　　名日の出（の時刻）

☐ **yet**［イェト］　　　　　　　　副〔否定文で〕まだ（～ない）

☐ **appear**［アピア］　　　　　　動現れる，見えてくる

▶ in［イン］　　　　　　　　　前〔経過時間・所要時間〕～したら，～で

☐ **few**［フュー］　　　　　　　　形わずかしかない，ほとんどない

☐ **a few**［ア／フュー］　　　　　多少の

📖 Question

What will appear in a few weeks?（2〜3週間したら何が現れますか）

ヒント ⓰の文の主語 It が何をさしているか，考えてみましょう。will を使った疑問文には will を使って答えます。

解答例 "Jewelry ice" will.（「ジュエリー・アイス」です）

🔑 Key Sentence

It **will** snow tomorrow.　　あしたは雪が降るでしょう。

▶ will は「〜（する）だろう」と未来のことを予想するときに使います。

▶ この文は，It will be snowy tomorrow. と言いかえられます。

▶ 話し言葉では It will を It'll，I will を I'll のように，短縮形を使うことがよくあります。

📦 Tool Kit

It will be **rainy and cool** tomorrow.

訳 あしたは雨ですずしいでしょう。

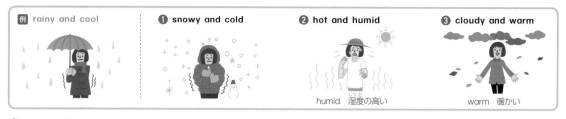

例 rainy and cool　　❶ snowy and cold　　❷ hot and humid　　❸ cloudy and warm

humid　湿度の高い　　warm　暖かい

❶ It will be snowy and cold tomorrow.
　　訳 あしたは雪が降って寒いでしょう。

❷ It will be hot and humid tomorrow.
　　訳 あしたは暑くて湿度が高いでしょう。

❸ It will be cloudy and warm tomorrow.
　　訳 あしたは曇っていて暖かいでしょう。

語句

rainy [ゥレイニ]	形 雨の，雨降りの	hot [ハト]	形 暑い
cool [クール]	形 すずしい	humid [ヒューミド]	形 湿度の高い
snowy [スノウイ]	形 雪の降る	cloudy [クラウディ]	形 曇った
cold [コゥルド]	形 寒い	warm [ウォーム]	形 暖かい

🎧 Listen

Listen あなたは明日，新潟から広島に行きます。英語のラジオ放送の天気予報を聞いて，明日の新潟と広島の天候を聞き取り，（　　）にメモしよう。

明日の天候

新潟 （　　　　　　　　　　　　　　）

広島 （　　　　　　　　　　　　　　）

▶どちらの場所の天候を言っているのか，メモを取りながら聞きましょう。

🧠 Think & Try!

ハンナになりきって，ハンナのこの日の日記に明日の予定を書いてみよう。
次の文に続けて書こう。

　Now, I'm with Aya.

_____

_____

_____

日本語訳
今，私はアヤといっしょにいます。

参考 〈be 動詞 ＋ going to〉と will

　どちらも「未来」のできごとを表すときに使いますが，次のような違いがあります。

▶〈be 動詞 ＋ going to〉は，すでに決まっている予定や計画を伝えるときに使います。日本語の「〜する予定です」「〜するつもりです」にあたります。また，「〜しそうです」の意味にもなります。空が曇ってきて確実に雨が降りそうなときは，It is going to rain soon.（もうすぐ雨が降りそうです）と言います。

▶will は，発言する前に決まっていなかったことや，その場で思いついたことなどを伝えるときに使い，日本語の「〜なるでしょう」にあたります。また，「〜しましょう」「〜します」と意志を表すこともできます。例 I will call you at five.（5時にあなたに電話しますね）

🔊 文のリズム

Yes, of course.［イェス／アフ／コース］（はい，もちろん）
＊大きい丸の部分を強く発音します。全体をリズムよく発音してみましょう。

Part 3　**Goal** さまざまな予想について理解しよう。

旭山動物園に向かうバスの中で，ハンナとアヤが話しています。

Hanna: ❶We're arriving at Asahiyama Zoo soon. ❷By the way, do you know the differences between the old zoo and the new Asahiyama Zoo?

Aya: ❸No, I don't. ❹Please tell me about them.

Hanna: ❺You should read this article, then.

❻Here you are.

日本語訳

ハンナ：❶私たち，もうすぐ旭山動物園に着くわ。❷ところで，あなたは以前の動物園と新しい旭山動物園の違いを知ってる？

アヤ：❸いいえ，知らない。❹それについて，私に教えてよ。

ハンナ：❺それなら，この記事を読むべきね。

❻はい，どうぞ。

解 説

❶We're は We are の短縮形です。are arriving は現在進行形ですが，ここでは「（まもなく）到着します」という「近い未来」を表しています。

❷By the way は「ところで」と，話題を変えるときに使います。difference は「違い」，between 〜 and ... は「〜と…の間の」という意味です。the differences between 〜 and ... で「〜と…の（間の）違い」という意味になります。違いが 2 つ以上あるので，differences と複数形が使われています。the old zoo（以前の動物園）は，旭山動物園として生まれ変わる前の動物園をさしています。

❹them（それらを）は，the differences between the old zoo and the new Asahiyama Zoo（以前の動物園と新しい旭山動物園の（間の）違い）をさしています。

❺should は「〜すべきだ」という意味を表します。can や must や will などと同じく，主語が何であっても形は変わらず，あとに動詞の原形が続きます。this article（この記事）は，教科書 p.107に載っている英文のことです。

❻Here you are. は「はい，どうぞ」と物を渡すときに使います。

Words & Phrases

□ arriving ＜ **arrive**［アライヴィング ＜ アライヴ］　　動着く，到着する

□ **way**［ウェイ］　　名道，方法，やり方

□ **by the way**［バイ／ザ／ウェイ］　　ところで

□ **difference(s)**［ディフレンス(ィズ)］　　名違い

□ **between**［ビトゥィーン］　　前〜の間に［の］

□ between 〜 and ...［ビトゥィーン／アンド］　　〜と…の間に［の］

□ **should**［シュド］　　助〜すべきである，したほうがよい

□ **article**［アーティクル］　　名記事

Notes　「(まもなく) 〜します」「〜しないでしょう」という予想を伝える

■日本語訳を参考にしてみよう。

例 We are arriving at the zoo soon.　　訳 私たちはまもなく動物園に着きます。

例 It won't snow today.　　訳 今日は雪が降らないでしょう。

▶ won't は will not の短縮形です。

 ## Listen

> **Listen**　将来ジャーナリストになりたいと思っている Jim（ジム）に Ms. West がアドバイスをしています。会話を聞いて，Ms. West からのアドバイスを３つ書こう。
>
> ❶ [　　　　　　　　　] 　 ❷ [　　　　　　　　　] 　 ❸ [　　　　　　　　　]

▶ Ms. West（ウェストさん）は何と言っているのか，キーワードを聞き取って，必ずメモを取りましょう。メモはカタカナで書いてもかまいません。

🔊 文のリズム

Here you are.［ヒア／ユー／アー］（はい，どうぞ）

＊大きい丸の部分を強く発音します。全体をリズムよく発音してみましょう。

❶Asahiyama Zoo is very popular now, but it was not in the 1990s. ❷Kosuge Masao and other zookeepers wanted to change the situation. ❸They drew sketches of 14 dream zoos.

❹"In the dream zoos, the animals won't be for display," said Mr. Kosuge. ❺"Visitors will see their natural behavior. ❻Animals can move, swim, or fly in a natural environment."

❼In 1997, their dream came true at last. ❽They opened the first new facility, Totori Village. ❾Visitors can get into a huge cage and see many kinds of birds.

日本語訳

❶旭山動物園は今，とても人気がありますが，1990年代にはそうではありませんでした。❷小菅正夫さんとほかの動物園の飼育係たちは，その事態を変えたいと思いました。❸彼らは夢の動物園のスケッチを14枚描きました。

❹「夢の動物園では，動物たちは展示用にはならないでしょう」と小菅さんは言いました。❺「来園者たちは彼らの自然なふるまいを見るでしょう。❻動物たちは，自然な環境の中で動いたり，泳いだり，あるいは飛んだりすることができるのです」

❼1997年に，彼らの夢はついに実現しました。❽彼らは最初の新しい施設である「ととりの村」をオープンしました。❾来園者たちは巨大な囲いの中に入って，たくさんの種類の鳥を見ることができます。

解 説

❶but it was not は，but it was not popular（しかしそれは人気がなかった）ということです。1990s は「1990年代」つまり1990年から1999年までをさします。

❷the situation（その事態）は「人気がないという事態」ということです。

❸drew sketches of 14 dream zoos（14の夢の動物園のスケッチを描いた）は「実現させたい動物園の姿のスケッチを14通り描いた」ということです。

❹won't は will not の短縮形なので，これは未来を表す文です。won't be for display（展示のためにあるのではない）は「単に見せるためだけのものにはしない」ということです。

❺natural behavior（自然なふるまい）は「野生動物のようなふるまい」をさします。

❼came true は「実現した」，at last は「ついに，とうとう」という意味です。

❽Totori Village は，「鳥」を表すアイヌ語の「トトリ」から名づけられました。

❾can のあとに get into 〜 と see ... が続いています。「〜の中に入って，…を見ることができる」ということです。

Words & Phrases

□ **zookeeper(s)**［ズーキーパ(ズ)］
　　　　　名 動物園の飼育係
□ **situation**［スィチュエイション］
　　　　　名 事態，状況
□ **drew ＜ draw**［ドルー ＜ ドロー］
　　　　　動 draw（(絵を)描く）の過去形
□ **sketch(es)**［スケチ(ィズ)］
　　　　　名 下絵，スケッチ
□ **won't ← will not**
　［ウォウント ← ウィル／ナト］
□ **display**［ディスプレイ］名 展示
□ **natural**［ナチュラル］形 自然の
□ **behavior**［ビヘイヴャ］名 ふるまい
□ **fly**［フライ］　　動 飛ぶ

□ **environment**［インヴァイアロンメント］
　　　　　名 環境
□ **true**［トルー］　　形 真実の，本当の
□ **come true**［カム／トルー］実現する
□ **at last**［アト／ラスト］　ついに，とうとう
□ **facility**［ファスィリティ］名 施設
□ **village**［ヴィリヂ］　　名 村
　Totori Village
　　　ととりの村（鳥の観察ができる施設）
　get into ～［ゲト／イントゥー］
　　　　　～の中に入る
□ **huge**［ヒューヂ］形 非常に大きい，巨大な
□ **cage**［ケイヂ］　　名 囲い，かご
　many kinds of ～　たくさんの種類の～

Question

Was Asahiyama Zoo popular in the 1990s?
（旭山動物園は1990年代には人気がありましたか）

ヒント ❶の文の後半に，but it was not (popular) in the 1990s. と書かれています。
解答例 No, it wasn't.（いいえ，ありませんでした）

Think & Try!

旭山動物園について発表してみよう。次の文に情報をつけ加えて言ってみよう。

In 1997, their dream came true at last. They opened the first new facility, Totori Village. Visitors can get into a huge cage and see many kinds of birds.

In (　), they opened ＿＿＿＿＿＿＿＿＿＿＿＿＿.

日本語訳
　1997年に，彼らの夢はついに実現しました。彼らは最初の新しい施設である「ととりの村」をオープンしました。来園者たちは巨大な囲いの中に入って，たくさんの種類の鳥を見ることができます。
　（　　　）年には，彼らは＿＿＿＿＿＿＿＿＿＿をオープンしました。

📖 本文の内容に合うように, (　　　　) に適切な語を書こう。

Aya has a good friend from ¹(　　　　　　). Her name is Hanna. They were ²(　　　　　) in elementary school. She ³(　　　　　) to Hokkaido last spring.

Aya is ⁴(　　　　　) to visit Hanna during the ⁵(　　　　　) vacation. They have some plans. For example, they ⁶(　　　　　) going to visit Asahiyama Zoo. It is a very ⁷(　　　　　) zoo.

解答と解説

1(Finland) 　教科書 p.102に「フィンランド出身」と書かれています。

2(classmates) 　主語の They はアヤとハンナをさすので，名詞の複数形で答えます。

3(moved) 　「引っ越した」という意味の動詞の過去形を入れます。

4(going) 　「〜を訪ねる予定です」という未来の文になるようにします。

5(winter) 　教科書 p.102で，アヤは「冬休み」にハンナを訪ねる予定だと話しています。

6(are) 　「〜を訪れる予定です」の意味にします。be 動詞は主語に合わせて選びます。

7(popular) 　教科書 p.107に,「旭山動物園は今, とても人気があります」と書かれています。

日本語訳

　アヤにはフィンランド出身の仲良しの友達がいます。彼女の名前はハンナです。彼女たちは小学校で同級生でした。彼女はこの前の春に北海道に引っ越しました。

　アヤは冬休みの間にハンナを訪ねる予定です。彼女たちには計画がいくつかあります。たとえば，彼女たちは旭山動物園を訪れる予定です。それはとても人気がある動物園です。

Task　➡教科書 p.108

■日本語訳を参考にしてみよう。

🎧🎙 Mr. Kato と Ms. King が話しています。Mr. Kato の今日の予定について，4文でまとめて書こう。

（何時に学校を出るか）

Today Mr. Kato ＿＿＿＿＿＿＿＿＿＿＿＿＿＿＿＿＿＿＿＿＿＿＿＿＿＿＿＿＿＿ .

（だれと会うか）

He ＿＿＿＿＿＿＿＿＿＿＿＿＿＿＿＿＿＿＿＿＿＿＿＿＿＿＿＿＿＿＿＿＿＿ .

（食事の場所）

They ＿＿＿＿＿＿＿＿＿＿＿＿＿＿＿ have dinner ＿＿＿＿＿＿＿＿＿＿＿＿＿＿ .

（その後の予定）

After that, they ＿＿＿＿＿＿＿＿＿＿＿＿＿＿＿＿＿＿＿＿＿＿＿＿＿＿＿＿ .

日本語訳

今日，加藤先生は＿＿＿＿＿＿＿＿＿＿＿＿＿＿＿＿＿＿＿＿＿＿＿＿＿＿＿＿＿＿＿。

彼は＿＿＿＿＿＿＿＿＿＿＿＿＿＿＿＿＿＿＿＿＿＿＿＿＿＿＿＿＿＿＿＿＿＿＿＿＿。

彼らは＿＿＿＿＿＿＿＿＿＿＿＿＿＿＿＿＿＿＿＿＿＿＿＿＿＿＿＿夕食をとります。

そのあと，彼らは＿＿＿＿＿＿＿＿＿＿＿＿＿＿＿＿＿＿＿＿＿＿＿＿＿＿＿＿＿＿。

解説

▶「何時に学校を出るか」は，leave の過去形 left を使って〈left school at + 時刻〉で表されます。

▶「だれと」は with ～で表されます。

▶「どこで」は〈in + 場所〉や〈at + 場所〉で表されます。

Grammar 予定や予想などを表す文　　　➡教科書 p.109

A: ❶I'm going to play tennis tomorrow.
B: ❷It will be rainy tomorrow.
A: Really?
B: ❸It won't be good for tennis tomorrow, so ❹you should stay home.

日本語訳
A：❶私はあしたテニスをする予定です。
B：❷あしたは雨が降るでしょう。
A：本当？
B：❸あしたはテニスにはよくないでしょうから，❹あなたは家にいるべきです。

1. 予定や計画を述べるとき…… ❶

I'm going to play tennis tomorrow.　訳 私はあしたテニスをする予定です。
Are you going to play tennis tomorrow?　訳 あなたはあしたテニスをする予定ですか。

2. 未来のことについて「～だろう」という予想を述べるとき…… ❷，❸

It will be rainy tomorrow.　　訳 あしたは雨が降るでしょう。
It won't snow tomorrow.　　訳 あしたは雪が降らないでしょう。

3.「～すべきだ」と述べるとき…… ❹

You should read this book.　　訳 あなたはこの本を読むべきです。

Tips ❹ for Listening

→教科書 p.110

 Goal メッセージを聞いて相手の意向をとらえ，返事をしよう。

■日本語訳を参考にしてみよう。

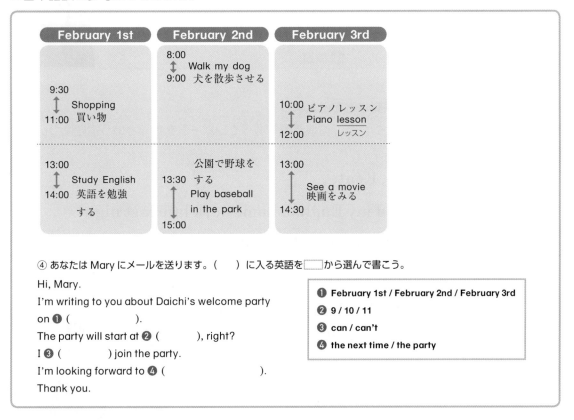

February 1st	February 2nd	February 3rd
	8:00 ⇕ 9:00　Walk my dog 犬を散歩させる	
9:30 ⇕ 11:00　Shopping 買い物		10:00 ⇕ 12:00　ピアノレッスン Piano lesson レッスン
13:00 ⇕ 14:00　Study English 英語を勉強する	13:30 ⇕ 15:00　公園で野球をする Play baseball in the park	13:00 ⇕ 14:30　See a movie 映画をみる

④ あなたは Mary にメールを送ります。（　　）に入る英語を▭から選んで書こう。

Hi, Mary.
I'm writing to you about Daichi's welcome party
on ❶ (　　　　　　　).
The party will start at ❷ (　　　　), right?
I ❸ (　　　　　) join the party.
I'm looking forward to ❹ (　　　　　　　　).
Thank you.

❶ February 1st / February 2nd / February 3rd
❷ 9 / 10 / 11
❸ can / can't
❹ the next time / the party

日本語訳

こんにちは，メアリー。
私は❶（2月1日／2月2日／2月3日）のダイチの歓迎パーティーについて，あなたに書いています。
そのパーティーは❷（9／10／11）時に始まりますよね。
私はそのパーティーに参加❸（できます／できません）。
私は❹（次回／パーティー）を楽しみにしています。
ありがとう。

語句

welcome party［ウェルカム／パーティ］ 名 歓迎パーティー
I'm looking forward to ～.［アイム／ルキング／フォワード／トゥー］ ～を楽しみにしています。

Speak about environmental problems!
環境問題について話しましょう。

What can we do for the environment?
私たちは環境のために何ができるでしょうか。

- □ helping［ヘルピング］ 名 助けること
- □ planet［プラネト］ 名 惑星，〔the をつけて〕地球
- □ environmental［インヴァイアロンメンタル］ 形 環境の
- □ **problem(s)**［プラブレム（ズ）］ 名 問題

➡教科書 pp.112−113

Part 1　**Goal** 印象や感覚などを伝えよう。

メイとケンタが，環境問題を調べてレポートを書くという宿題について話しています。

Mei: ❶ You look sleepy, Kenta.

Kenta: ❷ Yes. ❸ I finished my English homework late last night.

Mei: ❹ What environmental problem did you choose?

Kenta: ❺ Global warming. ❻ It's a very serious problem today.

Mei: ❼ You're right! ❽ The climate is changing everywhere in the world.

Kenta: ❾ The ice on the earth is melting. ❿ Also, the sea level is going up and some islands may disappear in the near future.

Mei: ⓫ That sounds really scary!

日本語訳

メイ：❶ 眠そうね，ケンタ。

ケンタ：❷ うん。❸ 英語の宿題を昨夜遅く終えたんだ。

メイ：❹ どんな環境問題を選んだの？

ケンタ：❺ 地球温暖化。❻ それは現代ではとても重大な問題だよ。

メイ：❼ そのとおり！　❽ 世界のどこでも気候が変化しているわ。

ケンタ：❾ 地球上の氷が溶けているんだ。❿ そのうえ，海水面が上昇して，いくつかの島は近い将来，消えるかもしれない。

メイ：⓫ それ，本当に怖いわね！

解説

❶〈look ＋ 形容詞〉で「～（のよう）に見える，～そうだ」の意味を表します。

❷Yes. は Yes, I am sleepy.（はい，私は眠いです）を１語で言ったものです。

❸late last night は「昨夜遅く」ということです。「夜遅く」は late at night といいます。

❹「何の［どんな］環境問題を／あなたは選びましたか」と考えます。environmental（環境の）は environment（環境）の形容詞形です。

❺Global warming. は I chose global warming.（私は地球温暖化を選びました）を短く言ったものです。chose は choose の過去形です。global は「地球規模の」を表す形容詞です。

❻主語の It は Global warming をさします。serious は「重大な，深刻な」などの意味を表します。You look serious. なら「あなたは深刻そうに見えます」→「あなたは深刻そうな顔をしていますね」ということです。

❽現在進行形の文です。climate（気候）は長期的な天候状態を表します。一時的な気象状態を表す weather（天気）と区別しましょう。everywhere in the world は「世界のどこでも」の意味です。

❾これも現在進行形の文で，主語は The ice on the earth（地球上の氷）です。

❿Also は「そのうえ，さらに」の意味で，関連した内容をつけ加えるときに使います。go up は「上がる，上昇する」。may disappear（消える［消滅する］かもしれない）の disappear は，appear（現れる）の反対語です。in the near future は「近い将来に」ということです。

⓫〈sound ＋ 形容詞〉で「～（のよう）に聞こえる［思える］」の意味を表します。sound scary は「怖そうに聞こえる［思える］」→「恐ろしいことだ」ということです。

Words & Phrases

▶ look［ルク］
　　動〔look ＋ 形容詞で〕～のように見える

□ finish(ed)［フィニシュ(ト)］
　　　　　　　　動 ～を終える

□ late［レイト］　副（時間的に）遅く

□ choose［チューズ］　動 ～を選ぶ

□ global warming［グロウバル／ウォーミング］
　　　　　　　名 地球温暖化

□ serious［スィリアス］形 重大な，深刻な

□ climate［クライメト］名 気候

□ everywhere［エヴリホウェア］
　　　　　副 どこでも，いたるところで

□ earth［アース］　名 地球

□ melt(ing)［メルト(メルティング)］
　　　　　　　　　　　　　動 溶ける

□ also［オールソウ］　接 そのうえ

　sea level［スィー／レヴル］　名 海水面

　go up［ゴウ／アプ］上がる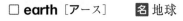

□ island(s)［アイランド(アイランズ)］　名 島

□ disappear［ディサピア］
　　　　　　　　動 消える，見えなくなる

□ future［フューチャ］　名 将来，未来

📖 Question

What environmental problem are Mei and Kenta talking about?
(メイとケンタはどんな環境問題について話していますか)

ヒント　❺と❻でケンタが言ったことについて，メイは「そのとおり」と言っています。

解答例　They are talking about global warming.（彼らは地球温暖化について話しています）

🔑 Key Sentences

You **look** sleepy.	あなたは眠そうに見えます。
That **sounds** scary.	それは怖そうに聞こえます。

▶ 〈look ＋ 形容詞〉は人などの様子を表し，「〜そうに見える」という意味です。

▶ 〈sound ＋ 形容詞〉は人が述べたことがどう聞こえるかを表し，「〜そうに聞こえる」という意味です。下の文の主語（That）は 3 人 称 単数なので，動詞が sounds になっています。会話では That を省略して〈Sounds ＋ 形容詞.〉と言うこともよくあります。

🧰 Tool Kit

You look **happy**.

訳　あなたはうれしそうに見えます。

| 例 happy | ❶ tired | ❷ sleepy | ❸ sad |

❶　You look tired.

　　訳　あなたは疲れているように見えます。／あなたは疲れているみたいですね。

❷　You look sleepy.

　　訳　あなたは眠そうに見えます。／あなたは眠そうですね。

❸　You look sad.

　　訳　あなたは悲しそうに見えます。／あなたは悲しそうですね。

 **Listen**

Listen 数学のテストが終わったあと，Amy が Tom と Jin の様子を話しています。2人の表情に合うものを選び，（　　）に○を書こう。また，2人についてわかったことを［　　］に書こう。

わかったこと［　　　　　　　　　　　　　　　　　　　　　　　　　　　　　］

▶〈look + 形容詞〉（～のように見える），〈sound + 形容詞〉（～のように聞こえる）に注意して，Tom（トム）と Jin（ジン）の様子を聞き取りましょう。

Think & Try!

次の文に続けて，地球温暖化についてまとめて書いてみよう。
　Global warming is a very serious problem today.

日本語訳
現代では，地球温暖化はとても重大な問題です。

参考
global warming（地球温暖化）に関連する表現
- We should stop global warming.
  訳 私たちは地球温暖化を止めるべきです。
- How can we stop global warming?
  訳 どうすれば私たちは地球温暖化を止めることができるでしょうか。
- I want to study about global warming.
  訳 私は地球温暖化について勉強したいです。

◀) 語句のリズム
in the world（世界の），　on the earth（地球上の），　in the morning（午前中）
＊大きい丸の部分を強く発音します。全体をリズムよく発音してみましょう。

Part 2 **Goal** ものがあることや，人がいることを伝えよう。

ケンタがレポートを発表したあと，アヤたちが地球温暖化について話しています。

Aya: ❶Global warming is really serious.

Kenta: ❷We have to save energy in our daily lives.

Aya: ❸How can we save energy?

Kenta: ❹There are many ways.

Mei: ❺For example?

Kenta: ❻I set the temperature of my air conditioner at 20 degrees in winter.

Aya: ❼Air conditioners use a lot of energy.

Bob: ❽Right. ❾There is at least one air conditioner in every home today.

Mei: ❿I hang wet towels in my room in winter. ⓫So the humidity rises and I feel warm.

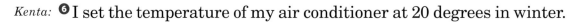

日本語訳

アヤ：❶地球温暖化は本当に重大ね。

ケンタ：❷ぼくたちは毎日の生活の中でエネルギーを節約しなければね。

アヤ：❸どうしたらエネルギーを節約できる？

ケンタ：❹方法はたくさんあるよ。

メイ：❺たとえば？

ケンタ：❻ぼくは冬に，エアコンの温度を20度に設定するよ。

アヤ：❼エアコンはエネルギーをたくさん使うわね。

ボブ：❽そのとおり。❾現代では，それぞれの家にエアコンが少なくとも１台あるよ。

メイ：❿私は冬に，自分の部屋に湿ったタオルをつるすの。⓫それで湿度が上がって暖かく感じるわ。

解説

❷have to ～ は「～しなければならない」，save energy は「エネルギーを節約する」，in our daily lives は「私たちの毎日の生活の中で」という意味です。lives は life（生活）の複数形です。

❸How ～? は「どのようにして～」と方法をたずねる疑問文です。

❹〈There are + 複数主語 ....〉で「～がある [いる]」という意味を表します。この文は We have many ways.（私たちには多くの方法があります）と言いかえることができます。

❻set は「～に設定する，～にセットする」，my air conditioner は「私が使うエアコン」，at 20 degrees は「20度に」ということです。ケンタは，温度を低めに設定することがエネルギーを節約する方法の１例だと言っています。

❾〈There is + 単数主語 ....〉も「～がある [いる]」という意味を表します。この文の主語は one air conditioner（１台のエアコン）です。主語が複数なら are を使い，単数なら is を使うことに注意しましょう。at least は「少なくとも」，in every home は「各家庭に，家庭ごとに」という意味です。

❿hang は「～をつるす」という意味の動詞です。wet towels と複数形を使っているので，メイは２枚以上のタオルをつるすことがわかります。

⓫So は「それで」と結果を表す語です。humidity（湿度）の形容詞形は humid（湿気の多い，じめじめした）です。エアコンをつけると乾燥しやすいので，湿ったタオルをつるして湿度を上げると，暖かく感じます。

📖 Words & Phrases

□ **save** [セイヴ]　動 節約する
□ **energy** [エナヂィ] 名 エネルギー
□ **lives** < life [ライブズ <ライフ]　名 life（生活）の複数形
□ **set** [セト]　動 設定する
□ **temperature** [テンパラチャ]　名 温度
□ **air conditioner** [エア／カンディショナ]　名 エアコン，空気調節装置
□ **degree(s)** [ディグリー(ズ)]　名 (温度などの)度

□ **least** [リースト]　名 最小，最少
□ **at least** [アト／リースト]　少なくとも
□ **hang** [ハング]　動 つるす
□ **wet** [ウェト]　形 湿った
□ **towel(s)** [タウエル(ズ)]　名 タオル
□ **humidity** [ヒューミディティ] 名 湿度，湿気
□ **rise** [ゥライズ]　動 上がる
□ **feel** [フィール]　動 (～を)感じる
□ **warm** [ウォーム]　形 暖かい

📖 Question

Why does Mei hang wet towels in her room?
（メイはなぜ彼女の部屋に湿ったタオルをつるすのですか）

ヒント　⓫に理由が述べられています。So は「それで」と結果を表します。

解答例　Because the humidity rises and she feels warm.
（湿度が上がって，彼女は暖かく感じるからです）

🔑 Key Sentences

There is an air conditioner in my house.	私の家にはエアコンが1台あります。
There are a lot of air conditioners in my school.	私の学校にはエアコンがたくさんあります。

▶ 「～がある［いる］」ということを伝えるときは，〈There is + 単数主語 ....〉または〈There are + 複数主語 ....〉の形で表します。

▶ There is［are］～ in .... で「…には～がある［いる］」という意味になります。

📦 Tool Kit

There is <u>**a library**</u> in my town.　　訳 私の町には図書館が1つあります。

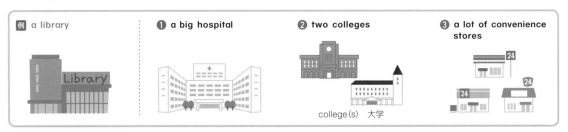

❶ There is a big hospital in my town.　　訳 私の町には大きな病院が1つあります。

❷ There are two colleges in my town.　　訳 私の町には大学が2つあります。

❸ There are a lot of convenience stores in my town.

訳 私の町にはコンビニエンス・ストアがたくさんあります。

語句 college(s)［カリヂ（ズ）］ 名 大学

🎧 Listen

Listen Bill が自分の町について紹介しています。Bill の住む町にあるもの・ないものをメモしよう。

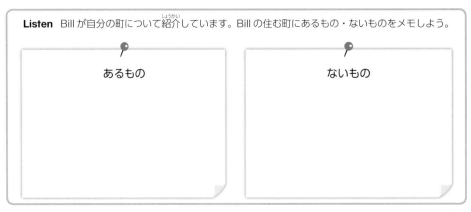

あるもの

ないもの

▶ There is［are］～ . の文が読まれます。メモを取りながら聞き取りましょう。

🧠 Think & Try!

次の会話を演じてみよう。最後のケンタのセリフは，自由に考えて言ってみよう。

Aya: Global warming is really serious.

Kenta: We have to save energy in our daily lives.

Aya: How can we save energy?

Kenta: There are many ways.

Mei: For example?

Kenta: _____.

例 I often turn off lights. / I use an eco-bag. / I reuse things.

日本語訳

　アヤ：地球温暖化は本当に重大ね。

ケンタ：ぼくたちは毎日の生活の中でエネルギーを節約しなければね。

　アヤ：どうしたらエネルギーを節約できる？

ケンタ：方法はたくさんあるよ。

　メイ：たとえば？

ケンタ：_____。

例　私はよく照明を消します。／私はエコバッグを使います。／私は物を再利用します。

語句

turn off［ターン／オフ］　　消す

light(s)［ライト（ライツ）］　名 照明

eco-bag［イーコウバグ］　　名 エコバッグ

reuse［ゥリーユーズ］　　　動 ～を再利用する

＊ p.49［l］（エル）の発音を参考にしてみよう。

🔊 発音

life［ライフ］－ lives［ライヴズ］

Part 3 **Goal** ものがあるかどうか，たずねたり答えたりしよう。

メイがゴミ処理の問題について発表しています。

❶Look at this table. ❷It shows the amounts of trash in Singapore, Japan, and the U.S. ❸Now, look at these graphs. ❹Japan burns 80 percent of its trash and recycles 20 percent. ❺On the other hand, Singapore burns 38 percent of its trash and recycles 60 percent. ❻Singapore is a small country, and there isn't much room for landfills, just like Japan. ❼Recycling is very important.

Where Does It Go?

Singapore

Japan

U.S.

Burned（燃やす）
Buried（埋める）
Recycled（リサイクルする）

出典）Singapore, U.S.: Wall Street Journal 電子版 2015 年 9 月 13 日付
Japan: 『日本国勢図会』2018／19 年度版

語句（表とグラフ）
Amount of Trash　ごみの量
Where Does It Go?　それ［ごみ］はどこに行くか。／それはどうなるか。

Amount of Trash	
Singapore	7.5
Japan	43.2
U.S.	254

（年間総量，単位 100 万トン）

日本語訳

❶この表を見てください。❷それはシンガポール，日本，アメリカ合衆国でのごみの量を示しています。❸それでは，これらのグラフを見てください。❹日本はそのごみの80パーセントを燃やし，20パーセントを再利用しています。❺一方，シンガポールはそのごみの38パーセントを燃やし，60パーセントを再利用しています。❻シンガポールは小さな国で，ちょうど日本と同じように，ごみ埋め立て地のための空き場所があまりありません。❼再利用はとても重要なのです。

解説

❷It は❶の this table（この表）をさします。show は「～を示している」, the amounts of trash in ～ は「～におけるごみの量」ということです。

❸these graphs（これらのグラフ）は, Where Does It Go? に示されている３つの国の円グラフをさしています。

❹80 percent of its trash の its は「それの」の意味で, Japan's（日本の）を表します。

❺On the other hand は「他方では［これに対して］」という意味です。「日本に対して，シンガポールでは～」と，シンガポールの円グラフを説明しています。

❻there isn't ～（～がない）は, there is ～（～がある）を否定した文です。there isn't much ～ で「～があまりない」という意味を表します。much は数えられない名詞（ここでは room「余

地」）につけて使います。room for landfills は「ごみ埋め立て地のための余地［空き場所］」，just like ～ は「ちょうど～のように」ということです。

Words & Phrases

▶ table［テイブル］　名 表
□ **show(s)**［ショウ（ズ）］
　　　　　　　　動 ～を示す，見せる，教える
□ **amount(s)**［アマウント（アマウンツ）］
　　　　　　　　名 総計
□ trash［トラシュ］　名 ごみ
□ graph(s)［グラフ（ス）］　名 グラフ，図表
□ **burn(s)**［バーン（ズ）］　動 ～を燃やす
□ **percent**［パセント］　名 パーセント

□ recycle(s)［ゥリーサイクル（ズ）］
　　　　　　　　動 ～を再利用する
□ on the other hand
　［オン／ズィ／アザ／ハンド］
　　　　　　　　他方では，これに対して
▶ room［ゥルーム］　名 余地，空き場所
□ landfill(s)［ランドフィル（ズ）］
　　　　　　　　名 ごみ埋め立て地
□ recycling［ゥリーサイクリング］名 再利用

Key Sentences

Is there a piano in your house**?**	あなたの家にピアノがありますか。
— Yes, **there is**. / No, **there isn't**.	—はい，あります。／いいえ，ありません。
Are there many comic books in your house**?**	あなたの家にマンガ本がたくさんありますか。
— Yes, **there are**. / No, **there aren't**.	—はい，あります。／いいえ，（たくさんは）ありません。

▶「～がありますか［いますか］」とたずねるときは，〈Is there ＋ 単数主語 ...?〉または〈Are there ＋ 複数主語 ...?〉の形で表します。many は数えられる名詞につけます。
▶答えるときは，Yes, there is［are］. または No, there isn't［aren't］. とします。

Listen

Listen　Dan と Kumi の会話を聞いて，Kumi の学校に次のものがいくつあるか数字を書こう。
❶ 音楽室 ［　　　　］つ　❷ コンピューター ［　　　　］台

▶ものの名前と数字に注意して，こまめにメモを取りながら聞くとよいでしょう。

🔊 イントネーション
It shows the amounts of trash in Singapore (↗), Japan (↗), and the U.S. (↘)
（それはシンガポール，日本，アメリカ合衆国でのごみの量を示しています）

Kenta: ❶You recycle a lot in Singapore!

Aya: ❷Singapore doesn't produce so much trash. ❸Japan produces a lot of trash.

Bob: ❹Are there many trashcans on the street in Singapore?

Mei: ❺Yes, there are.

Bob: ❻There aren't many on the street in Japan, but the streets look clean.

Mei: ❼I agree. ❽How about our school? ❾How many trashcans are there in our school?

Kenta: ❿One in every classroom.

Aya: ⓫We should reduce the amount of our trash, too.

日本語訳

ケンタ：❶シンガポールではたくさん再利用するね！

アヤ：❷シンガポールはあまりごみを出さない。❸日本はたくさんごみを出す。

ボブ：❹シンガポールには，通りにごみ箱がたくさんあるの？

メイ：❺ええ，あるわ。

ボブ：❻日本では通りにはあまりないけど，通りはきれいに見えるね。

メイ：❼同感。❽私たちの学校はどう？ ❾私たちの学校にはごみ箱がいくつあるのかな？

ケンタ：❿教室ごとに1つあるよ。

アヤ：⓫私たちも私たちのごみの量を減らすべきね。

解 説

❶You は文末にある in Singapore により，メイを含むシンガポールの人たちをさしますが，「シンガポールでは〜」と訳すと自然な日本語になります。

❷doesn't produce so much trash は「それほど多くのごみを（生み）出さない」→「あまりごみを出さない」ということです。trash（ごみ）も数えられない名詞の扱いなので，many ではなく much がつきます。

参考 数えられる名詞につけるのは many です。

166

例 She doesn't have so many CDs.「彼女はあまりＣＤを持っていません。」

❹Are there ～ ? は There are ～ .（～がある）を疑問文にしたものです。Are there many ～ ? で「～がたくさんありますか」という意味を表します。

❺Are there ～ ?（～がありますか）とたずねられたら，Yes, there are. または No, there aren't. と答えます。

❻There aren't many のあとに trashcans が省略されています。look clean は〈look ＋ 形容詞〉で「きれいに［清潔に］見える」ということです。

❼相手の考えに賛成［同意］するときの表現です。I think so, too.（私もそう思います）と言うこともできます。賛成でないときは，I don't agree. ／ I don't think so. と言います。

❾How many ～ are there ...? は「～がいくつありますか」と，数をたずねる文です。

❿これは There is one trashcan in every classroom. を短く言ったものです。

⓫should は「～すべきだ」という意味でしたね。「私たちも」と言っているのは，「日本でもシンガポールのように」ということです。

📖 Words & Phrases

□ **produce**［プロデュース］　動 生み出す，つくり出す
□ trashcan(s)［トラシュキャン(ズ)］　名 ごみ箱
□ **street**［ストリート］　名 通り
　aren't ← are not［アーント ← アー／ナト］
□ **agree**［アグリー］　動 賛成する，同意する
□ **reduce**［ゥリデュース］　動 減少させる

📖 Question

Are there many trashcans on the street in Japan?
（日本には，通りにごみ箱がたくさんありますか）

ヒント ❻に，There aren't many (trashcans) on the street in Japan. と書かれています。

解答例 No, there aren't.（いいえ，ありません）

Think & Try!

次の文に続けて自由に1文を加え，発表してみよう。

Look at this table. It shows the amounts of trash in Singapore, Japan, and the U.S. Then, look at these graphs. Japan burns 80 percent of its trash and recycles 20 percent.

例 We should recycle more. / I will reduce trash.

日本語訳

この表を見てください。それはシンガポール，日本，アメリカ合衆国でのごみの量を示しています。それでは，これらのグラフを見てください。日本はそのごみの80パーセントを燃やし，20パーセントを再利用しています。

例 私たちはもっと再利用すべきです。／私はごみを減らします。

語句 more ［モー］ 副 もっと

Review

→教科書 p.118

Aya が今日のことを日記に書いています。（　　　）に適切な語を書こう。

Kenta talked about global warming. It's a very serious [1] (　　　　　). We have to [2] (　　　　) energy in our daily lives. Kenta [3] (　　　　) the temperature of the air conditioner at 20 degrees in winter. There [4] (　　　　) a lot of air conditioners and they use a lot of [5] (　　　　). Mei talked about trash. Japan burns 80 percent of its trash and recycles 20 percent. We should [6] (　　　　) our amount of trash.

解答と解説

1（ problem ）　「地球温暖化はとても重大な～です」という文になります。

2（ save ）　「エネルギーを～しなければなりません」という文になります。

3（ sets ）　「～に設定する」という意味の動詞が入ります。主語が3人称単数であることに注意。

4（ are ）　「～がある」という文で，a lot of ～は複数主語です。

5（ energy ）　「エアコンは多くの～を使います」という文になります。

6（ reduce ）　「～を減らす」という意味の動詞が入ります。

日本語訳

　ケンタは地球温暖化について話しました。それはとても重大な問題です。私たちは私たちの毎日の生活の中で，エネルギーを節約しなければなりません。ケンタは冬に，エアコンの温度を20度に設定します。多くのエアコンがあり，それらは多くのエネルギーを使います。メイはごみについて話しました。日本ではそのごみの80パーセントを燃やし，20パーセントを再利用しています。私たちは私たちのごみの量を減らすべきです。

Task

➡教科書 p.118

■日本語訳を参考にしてみよう。

Mr. Kato と Mei が Kita City について話しています。Mr. Kato の住んでいるところについて，わかったことを発表しよう。

（人口）

There are about _____ in the city.

（図書館の本）

There are about _____ in the library near Mr. Kato's house.

（Kita City に３つあるもの）

There are three _____ in the city.

（Mr. Kato がすること）

Mr. Kato sometimes _____ in the park near his house.

日本語訳

その都市には約_____がいます［あります］。

加藤先生の家の近くの図書館には約_____があります。

その都市には３つの_____があります。

加藤先生はときどき，彼の家の近くの公園で_____。

A: ❶How many museums are there in your city?

B: ❷There are four museums in my city.

A: Four! ❸That sounds great!

日本語訳

A：❶あなたの都市には博物館がいくつありますか。

B：❷私の都市には4つあります。

A：4つも。❸それはすごいですね。

---

1. 「〜に…がある (いる)」を伝えるとき……❷

　There is a hospital near my house.　訳 私の家の近くには病院が1つあります。

　There are two libraries in this city.　訳 この都市には図書館が2つあります。

　Tokyo Skytree is in Sumida, Tokyo.　訳 東京スカイツリーは東京の墨田(区)にあります。

2. 「〜に…はありますか」「〜に…はいくつありますか」と質問する場合……❶

　Is there an air conditioner in the room?　訳 その部屋にはエアコンが1台ありますか。

　Are there any books about soccer in this library?

　　訳 この図書館にはサッカーについての本が何かありますか。

　How many boys are there in your class?

　　訳 あなたのクラスには男子が何人いますか。

　How many libraries are there in this city?

　　訳 この都市には図書館がいくつありますか。

3. 「〜そうに見える／聞こえる」と述べるとき……❸

　Taro **looks** sleepy.　訳 タロウは眠そうに見えます。(＝タロウは眠そうです。)

　"Let's go to Yokohama and have lunch."　訳 「横浜に行って昼食を食べましょうよ。」

　"That **sounds** nice."　訳 「それはよさそうに聞こえます(＝それはよさそうですね)。」

Project ❷

➡教科書 pp.120−121

 Goal アンケート調査をして発表しよう！

■日本語訳を参考にしてみよう。

3 グループでアンケート調査を行い，ポスター発表をしよう。

(1) 質問することを決めよう。

例 What's your favorite subject?
Who is your favorite singer?
Which do you like, soccer, basketball, baseball or tennis?

_____

_____

日本語訳

例　あなたのお気に入りの教科は何ですか。

あなたのお気に入りの歌手はだれですか。

あなたはどれが好きですか，サッカー，バスケットボール，野球，それともテニス。

(5) Arataの発表を参考にして原稿をつくり，クラスで発表してみよう。

発表者	

Our question was "_____."

We asked _____ classmates. Look at this.

_____ students like _____. _____.

_____ students like _____. _____.

_____ students like _____. _____.

_____ students like _____. _____.

日本語訳

私たちの質問は「＿＿＿＿＿＿＿＿＿＿」でした。

私たちは＿＿＿人の同級生にたずねました。これを見てください。

＿＿＿人の生徒は＿＿＿＿が好きです。＿＿＿＿＿＿＿＿＿＿＿。

＿＿＿人の生徒は＿＿＿＿が好きです。＿＿＿＿＿＿＿＿＿＿＿。

＿＿＿人の生徒は＿＿＿＿が好きです。＿＿＿＿＿＿＿＿＿＿＿。

＿＿＿人の生徒は＿＿＿＿が好きです。＿＿＿＿＿＿＿＿＿＿＿。

→教科書 p.122

Goal 物語文を読んで，概略を理解しよう。

ある少女が病気の母のために，ひしゃくを持って水を探しに行きました。すると，ひしゃくに次々と不思議なことが起こります。

1

❶Long, long ago, there was a severe drought. ❷Rivers, streams, and wells dried out, and many people and animals died of thirst. ❸One night, a little girl came out of her house with a small dipper. ❹She looked for water for her sick mother, but didn't find water anywhere. ❺She got tired and fell asleep on the grass.

日本語訳

❶昔々，ひどい日照りがありました。❷川と小川と井戸は干上がり，多くの人間と動物がのどの渇きで死にました。❸ある夜，一人の幼い少女が小さなひしゃくを持って家から出てきました。❹彼女は病気の母親のために水を探しましたが，水はどこにも見つかりませんでした。❺彼女は疲れてしまい，草の上で眠りに落ちました。

解 説

❶Long, long ago（昔々）は，物語の最初によく使われる表現です。there was ~ は「~があった[いた]」ということです。

❷dried は dry（乾く）の過去形で，dried out で「すっかり乾いた，干上がった」という意味になります。died は die（死ぬ）の過去形で，died of ~ で「~（が原因）で死んだ」という意味になります。

❸came out of ~ は「~から出てきた」という意味です。with ~ は「~といっしょに」→「~を持って」ということです。

❹looked for ~ は「~を探した」，didn't find ~ anywhere は「どこにも~を見つけなかった」

→「どこを探しても〜が見つからなかった」ということです。

❺ got は get（〜になる）の過去形で，〈get + 形容詞〉で「〜（の状態）になる」という意味になります。got tired は「疲れた」ということです。fell は fall（落ちる）の過去形で，fell asleep で「眠りに落ちた」の意味になります。

📖 Words & Phrases

☐ golden［ゴウルデン］		形	金の
☐ dipper［ディパ］		名	ひしゃく
☐ **ago**［アゴウ］		副	前に
☐ long, long ago［ロング／ロング／アゴウ］			昔々
☐ severe［スィ**ヴィア**］		形	ひどい
☐ drought［ドラウト］		名	日照り
☐ stream(s)［ストリーム（ズ）］		名	小川
☐ well(s)［ウェル（ズ）］		名	井戸
☐ dried ＜ dry［ドライド ＜ ドライ］		動	dry（乾く）の過去形
☐ dry out［ドライ／アウト］			干上がる
☐ **die(d)**［ダイ（ド）］		動	死ぬ
☐ die of 〜［ダイ／アヴ］			〜で死ぬ
☐ thirst［**サ**ースト］		名	（のどの）渇き
one night			ある夜
come out of 〜			〜から出てくる
☐ look for 〜［ルク／フォー］			〜を探す
☐ anywhere［**エニ**ホウェア］		副	どこにも
☐ get tired［ゲト／**タイ**アド］			疲れる
☐ fell ＜ **fall**［フェル ＜ フォール］		動	fall（落ちる）の過去形
☐ asleep［ア**スリー**プ］		形	眠っている
☐ fall asleep［フォール／ア**スリー**プ］			眠りに落ちる
☐ **grass**［グラス］		名	草

📖 Question

Why did many people and animals die?（多くの人間と動物はなぜ死んだのですか）

ヒント ❶と❷に理由が書かれています。じょうずにまとめてみましょう。

解答例 Because there was a severe drought, and they were［got］thirsty.
（ひどい日照りがあって，彼らはのどが渇いたからです）

2

❶ The girl woke up and was very surprised. ❷ The dipper was full of clean, fresh water. ❸ She got excited, but she didn't drink the water. ❹ "It won't be enough for my mother," she thought.

❺ There was a little dog under her feet, and it looked pitiful. ❻ The girl poured some water in her hand and gave it to the dog. ❼ Then her little dipper became silver.

日本語訳

❶少女は目を覚まし,とても驚きました。❷ひしゃくは清潔で新鮮な水でいっぱいだったのです。❸彼女はわくわくしましたが,その水を飲みませんでした。❹「それはお母さんにとって十分ではないだろう」と彼女は思いました。

❺彼女の足元に子イヌがいて,それはかわいそうに見えました。❻少女は手に水をいくらか注ぎ,それをイヌにあげました。❼すると彼女の小さなひしゃくは銀になりました。

解説

❶woke は wake（目を覚ます）の過去形で,woke up で「(すっかり)目を覚ました」という意味になります。get up（目を覚まして起き上がる）との違いに注意しましょう。

❷was full of ～ は「～でいっぱいだった」,また clean, fresh water は「清潔で新鮮な水」ということです。

❸got は get（～になる）の過去形で,got excited で「わくわくした」という意味になります。

❹主語の It は❸の the water（その水）をさします。It won't（= will not）be ～ . は未来の否定文で,「それは～ではないだろう」ということです。enough for ～ は「～にとって十分な[足りる]」,また thought は think（～と思う）の過去形です。

❺There was ～ under .... で「…の下に～がいた」の意味を表します。feet は foot（足）の複数

形でしたね。「足の下に」といっても，「靴の下に」ではなく「足の下の方に，足元に」ということです。looked pitiful は〈looked ＋ 形容詞〉で「かわいそうに見えた」ということです。

❻ poured は pour（〜を注ぐ）の過去形で，poured 〜 in ... で「〜を…の中に注いだ」という意味になります。gave は give（〜を与える）の過去形で，〈gave ＋ もの ＋ to ＋ 人〉で「(もの)を(人)にあげた」の意味を表します。gave it の it は some water（いくらかの水）をさしています。

❼ became は become（〜になる）の過去形で，became silver で「銀になった」という意味になります。

Words & Phrases

□ woke ＜ **wake** ［ウォウク ＜ ウェイク］	動 wake（目を覚ます）の過去形
□ wake up ［ウェイク／アプ］	目を覚ます
□ **surprised** ［サプライズド］	形 驚いた
□ was full of 〜 ［ワズ／フル／アヴ］	〜でいっぱいだった
□ **excited** ［イクサイティド］	形 興奮した，わくわくした
get excited	わくわくする
□ **enough** ［イナフ］	形 十分な
□ pitiful ［ピティフル］	形 かわいそうな
□ pour(ed) ［ポー(ド)］	動 注ぐ
□ **gave ＜ give** ［ゲイヴ ＜ ギヴ］	動 give（与える）の過去形
□ **became ＜ become** ［ビケイム ＜ ビカム］	動 become（〜になる）の過去形
□ **silver** ［スィルヴァ］	形・名 銀（の）

Question

How did the little dog look? (その子イヌはどのように見えましたか)

ヒント ❺の文の and 以下に，子イヌの様子が書かれています。〈look ＋ 形容詞〉は「〜のように見える，〜のようだ」という意味でしたね。

解答例 It looked pitiful. (それはかわいそうに見えました)

3

❶The girl brought the dipper home and handed it to her mother. ❷The mother said, "I am going to die anyway. ❸You'd better drink it yourself." ❹She gave the dipper back to the girl. ❺At the same time, the silver dipper became golden.

❻The girl thought, "I can finally have a sip." ❼Suddenly a stranger came in and asked for some water. ❽The girl swallowed her saliva and offered the dipper to the stranger.

日本語訳

❶少女はひしゃくを家に持ち帰り，それを母に手渡しました。❷母親は「私はいずれにせよ死ぬでしょう。❸あなたは自分でそれを飲みなさい」と言いました。❹彼女はそのひしゃくを少女に返しました。❺同時に，銀のひしゃくは金になりました。

❻少女は「私はやっとひと口飲むことができる」と思いました。❼突然，見知らぬ人がやって来て，水を（いくらか）求めました。❽彼女はつばを飲み込み，ひしゃくをその見知らぬ人に差し出しました。

解説

❶brought は bring（〜を持ってくる）の過去形で，brought 〜 home で「〜を家に持ち帰った」という意味になります。handed は hand（〜を手渡す）の過去形で，handed 〜 to ... で「〜を…に手渡した」の意味を表します。it は the dipper（そのひしゃく）をさしています。

❷I am going to die は「死ぬ予定［つもり］だ」ですが，ここでは「死ぬことになるだろう」という予測を表しています。anyway は「いずれにせよ，どうせ」ということです。

❸You'd は You had の短縮形で，〈had better + 動詞の原形〉で「〜すべきである」の意味を表します。drink it の it は少女が持ち帰った水をさします。yourself は「（あなたが）自分で」ということです。母親は少女に「あなたが飲みなさい」と言っているのです。

❹〈gave + もの + back to + 人〉は「（もの）を（人）に返した」という意味です。

❺At the same time は「（それと）同時に」の意味です。「母親が少女にひしゃくを返したと同時に」，銀のひしゃくは金になりました。

❻thought は think の過去形でしたね。finally は「とうとう，ついに，やっと」，have a sip

は「ひと口飲む」という意味です。

❼stranger は「見知らぬ人」を表します。asked は ask（〜を頼む）の過去形で，asked for 〜 で「〜を求めた，〜がほしいと言った」という意味になります。

❽swallowed her saliva は「（生）つばを飲み込んだ」という意味です。飲みたいものを目の前にしながら，それが飲めずに我慢している様子を表しています。〈offer + もの + to + 人〉は「（もの）を（人）に提供する［差し出す］」という意味です。

📖 Words & Phrases

□ brought ＜ bring［ブロート＜ブリング］	動 bring（〜を持ってくる）の過去形
□ bring 〜 home［ブリング／ホウム］	〜を家に持ち帰る
▶ hand(ed)［ハンド(ハンディド)］	動 手渡す
□ **anyway**［エニウェイ］	副 いずれにせよ
□ you'd ← you had［ユード ← ユー／ハド］	
□ **better**［ベタ］	副 よりよく
You'd better 〜 .［ユード／ベタ］	〜しなさい。
□ give 〜 back to ...［ギヴ／バク／トゥー］	〜を…に返す
□ **same**［セイム］	形 同じ
□ at the same time［アト／ザ／セイム／タイム］	同時に
□ **finally**［ファイナリ］	副 とうとう
□ sip［スィプ］	名 ひと口
□ have a sip［ハヴ／ア／スィプ］	ひと口飲む
□ **suddenly**［サドンリ］	副 突然
□ stranger［ストレインヂャ］	名 見知らぬ人
come in 〜	〜に入ってくる
□ ask for 〜［アスク／フォー］	〜を求める
□ swallow(ed)［スワロウ(ド)］	動 飲み込む
□ saliva［サライヴァ］	名 つば
□ **offer(ed)**［オファ(ド)］	動 差し出す

📖 Question

How did the silver dipper change? (銀のひしゃくはどのように変わりましたか)

ヒント この質問は，What did the silver dipper become?(銀のひしゃくは何になりましたか)と言いかえられます。何になったかは❺の文に書かれています。

解答例 It became golden. (それは金になりました)／
It changed into golden. (それは金に変わりました)

→教科書 p.125

❶Suddenly, on the small dipper, seven huge diamonds appeared, and a stream of clean, fresh water ran out of it.

❷Then, the seven diamonds rose up to the sky and became the Big Dipper.

日本語訳

❶突然，その小さなひしゃくの上に，7つの非常に大きなダイヤモンドが現れ，清潔で新鮮な水の流れがそこから流れ出ました。

❷それから，その7つのダイヤモンドは空に向かって立ちのぼり，北斗七星になりました。

解説

❶Suddenly（突然）のあとに2つの文が並んでいます。1つは on the small dipper, seven huge diamonds appeared（その小さなひしゃくの上に，7つの非常に大きなダイヤモンドが現れた），もう1つは a stream of clean, fresh water ran out of it（清潔で新鮮な水の流れがそれから流れ出た）です。out of it の it は，もちろん「小さなひしゃく」のことです。

❷文の主語は the seven diamonds（その7つのダイヤモンド）です。rose は rise（上がる）の過去形で，rose up to ～ で「～に（向かって）立ちのぼった」という意味になります。the Big Dipper（大きなひしゃく）は「北斗七星」のことです。大熊座にある7つの星がひしゃくの形をしていることから，こう名づけられました。漢字の「斗」は「ひしゃく，升」を表します。

Words & Phrases

□ diamond(s) ［ダイアモンド（ダイアモンズ）］　名 ダイヤモンド

□ ran ＜ run ［ゥラン＜ゥラン］　動 run の過去形

＊ ran [rǽn] の発音に注意しましょう。

□ run out of ～ ［ゥラン／アウト／アヴ］　～から流れ出る

□ rose ＜ rise ［ゥロウズ＜ゥライズ］　動 rise（上がる）の過去形

□ rise up ［ゥライズ／アプ］　立ちのぼる

□ sky ［スカイ］　名 空

□ Big Dipper［ビグ／ディパ］　　　　　名 北斗七星

📖 Question

What appeared on the small dipper?（小さなひしゃくの上に何が現れましたか）

ヒント　❶の文の前半に書かれています。huge は「非常に大きい」の意味でしたね。

解答例　Seven huge diamonds appeared on it.

　　　　（7つの非常に大きなダイヤモンドがその上に現れました）

Comprehension Check

次の質問に英語で答えよう。

1. What did the little girl bring out of her house?

　訳 幼い少女は家から何を持ち出しましたか。

2. What did she look for?　　　　訳 彼女は何を探しましたか。

3. What did she do for the little dog?　　訳 彼女は子イヌのために何をしましたか。

4. Did her mother drink water?　　訳 彼女の母親は水を飲みましたか。

5. Did the girl give some water to the stranger?

　訳 少女はいくらかの水を見知らぬ人にあげましたか。

解答例

1. She brought a small dipper (out of her house).

　訳 彼女は（家から）小さなひしゃくを持ち出しました。

2. She looked for water for her mother.

　訳 彼女は母親のために水を探しました。

3. She poured some water in her hand and gave it to the dog.

　訳 彼女は手に水をいくらか注ぎ，それをイヌにあげました。

4. No, she didn't.

　訳 いいえ，飲みませんでした。

5. Yes, she did.

　訳 はい，あげました。

179

➡教科書 p.126

ガマくんは手紙をもらったことがありません。それを知った親友のカエルくんは，あることを思いつきます。

❶ Toad sat on his front porch.

❷ Frog came along and said, "What is the matter, Toad? ❸ You look sad."

❹ "Yes," said Toad.

❺ "This is my sad time of day."

❻ "Why is that?" asked Frog.

❼ "Because I never get any mail," said Toad.

❽ "Not ever?" asked Frog.

❾ "No, never," said Toad.

❿ "No one ever sent a letter to me. ⓫ Every day my mailbox is empty."

⓬ Frog and Toad sat on the porch.

⓭ They were sad together.

日本語訳

❶ガマくんは玄関先にすわりました。

❷カエルくんがやって来て，「どうしたの，ガマくん？ ❸悲しそうだね」と言いました。

❹「そうなんだ」とガマくんは言いました。

❺「これは一日の中で悲しい時間なんだ」

❻「それはどうして？」とカエルくんはたずねました。

❼「郵便物が何も来ないからさ」とガマくんは言いました。

❽「一度もないの？」とカエルくんはたずねました。

❾「ないんだ，一度も」とガマくんは言いました。

❿「これまでにだれも，ぼくに手紙を送らなかった。⓫毎日，ぼくの郵便受けは空っぽ」

⓬カエルくんとガマくんは玄関にすわりました。

⓭彼らはいっしょに悲しみました。

解 説

❷What is the matter? は，心配して声をかけるときに使います。

❺This（これ）は「（こうして玄関先にすわっている）今は」ということです。

❻ この文は，Why is it your sad time of day?（なぜそれは一日の中であなたの悲しい時間なの
　ですか）を短く言ったものです。that は「そのこと」という意味です。

❼ Why 〜？という質問に Because 〜 . と答えています。never get any mail は「どんな郵便
　物も決して手に入らない」→「郵便物が何も来ない」ということです。

❽ 2語で「これまでに一度も郵便物が来なかったのですか」という内容を表しています。

❾ ❽の質問に対する No という返事は，「No だった」→「郵便物が来なかった」ということです。

❿ No one 〜 . は「だれも〜ない」，sent は send（〜を送る）の過去形です。

Question

Why does Toad look sad?（ガマくんはなぜ悲しそうだったのですか）

ヒント ❼のガマくんのことばに，その理由が書かれています。

解答例 Because he never gets any mail.（彼には郵便物が何も来ないからです）

Words & Phrases

Toad［トゥド］	名 ガマくん
front［フラント］	名 前方
porch［ポーチ］	名 ポーチ（張り出し屋根のある玄関）
Frog［フログ］	名 カエルくん
along［アロング］	副 〜にそって
come along［カム／アロング］	やって来る
matter［マタ］	名 問題
What is the matter?［ホワト／イズ／ザ／マタ］	どうしたの。
sad time of day［サド／タイム／アヴ／デイ］	一日の中で悲しい時間
mail［メイル］	名 郵便物
ever［エヴァ］	副 これまでに
Not ever?［ナト／エヴァ］	一度もない？
sent ＜ send［セント ＜ センド］	動 send（送る）の過去形
mailbox［メイルバクス］	名 郵便受け
empty［エンプティ］	形 空の
together［トゲザ］	副 いっしょに

➡教科書 p.127

❶ Then Frog said, "I have to go home now, Toad. ❷ I must do something."

❸ Frog hurried home.

❹ He found a pencil and a piece of paper.

❺ He wrote on the paper.

❻ He put the paper in an envelope.

❼ On the envelope he wrote "A LETTER FOR TOAD."

❽ Frog ran out of his house.

❾ He saw a snail.

❿ "Snail," said Frog, "please take this letter to Toad's house and put it in his mailbox."

⓫ "Sure," said the snail. ⓬ "Right away."

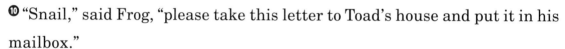

日本語訳

❶するとカエルくんは,「ぼくは今, 家に帰らなければならないんだ, ガマくん。❷ぼくにはしなければならないことがあるんだ」と言いました。

❸カエルくんは家に急ぎました。

❹彼は鉛筆と1枚の紙を見つけました。

❺彼は紙に書きつけました。

❻彼は封筒にその紙を入れました。

❼封筒の上に, 彼は「ガマくんへの手紙」と書きました。

❽カエルくんは家から走り出しました。

❾彼はカタツムリを見かけました。

❿「カタツムリさん」とカエルくんは言いました,「この手紙をガマくんの家に持って行って, 彼の郵便受けにそれを入れてください」。

⓫「わかりました」とカタツムリは言いました。⓬「ではすぐに」。

解 説

❶have to ～ は「～しなければならない」という意味でしたね。now（今）は「もう」と訳して もかまいません。

❷must も「～しなければならない」という意味です。「私は何かをしなければならない」→「私 にはしなければならないことがある」と考えます。

❸hurried は hurry（急ぐ）の過去形です。home は「家に」という意味の副詞です。

❹paper は数えられない名詞（物質）なので，「1枚の紙」は a piece of paper といいます。

❻put は put の過去形です（形が同じ）。put ～ in ... で「～を…に入れた」となります。

❼On the envelope（封筒の上に）が文のはじめに置かれていることに注意しましょう。

❽ran は run（走る）の過去形です。out of ～ は「～の外に」という意味です。

❿take ～ to ... で「～を…に持って行く」の意味を表します。

⓫Sure. は「もちろんです，わかりました」という返事です。

⓬right away は「すぐに，今すぐ」の意味で，right now ともいいます。

Question

What did Frog see out of his house?

（カエルくんは家の外に何を見かけましたか）

ヒント ❾の文に答えが書いてありますね。

解答例 He saw a snail.

（彼はカタツムリを見かけました）

Words & Phrases

something［サムスィング］	代 何か
hurried < hurry［ハーリド < ハーリ］	動 hurry（急ぐ）の過去形
found < find［ファウンド < ファインド］	動 find（～を見つける）の過去形
piece［ピース］	名 一片
a piece of ～［ア／ピース／アヴ］	1枚の～
paper［ペイパ］	名 紙
wrote < write［ゥロウト < ゥライト］	動 write の過去形
envelope［エンヴェロウプ］	名 封筒
snail［スネイル］	名 カタツムリ
Right away.［ゥライト／アウェイ］	すぐに。

❶ Then Frog ran back to Toad's house.

❷ Toad was in bed.

❸ "Toad," said Frog, "you have to get up and wait for the mail some more."

❹ "No," said Toad, "I waited for so long, and I am tired now."

❺ Frog looked out of the window at Toad's mailbox.

❻ The snail was not there yet.

❼ "Toad," said Frog, "someone will send a letter to you."

❽ "No, no," said Toad. ❾ "I don't think so."

❿ Frog looked out of the window.

⓫ The snail was still not there.

日本語訳

❶それからカエルくんはガマくんの家に走って戻りました。

❷ガマくんはベッドに入っていました。

❸「ガマくん」とカエルくんは言いました，「きみは起きて，もうしばらく郵便物を待つ必要があるよ」。

❹「いや」とガマくんは言いました，「ぼくはずいぶん長く待って，もう疲れたよ」。

❺カエルくんは窓からガマくんの郵便受けを見ました。

❻カタツムリはまだそこにいませんでした。

❼「ガマくん」とカエルくんは言いました，「だれかがきみに手紙を送るよ」。

❽「いや，いや」とガマくんは言いました。❾「ぼくはそう思わないよ」

❿カエルくんは窓の外を見ました。

⓫カタツムリはまだそこにいませんでした。

解説

❶ran back to ～ は「～に走って戻った」という意味です。

❸you have to get up（あなたは起きなければならない）という文と，(you have to) wait for ～（（あなたは）～を待つ（[た] なければならない））という文が続いています。「あなたは起きて～を待たなければならない」ということです。

❹No は I don't have to.（私はその必要はない）を 1 語で言ったものです。

❺looked out of ～ は「～から外を見た」ということです。まず「窓から（外を）」とおおまかに言い，そのあとで at Toad's mailbox（ガマくんの郵便受けを）と，見たものを具体的に言っています。❺の文 = Frog looked out of the window and looked at Toad's mailbox.

❻yet を否定文で使うと「まだ（～ない）」という意味になります。yet はふつう，文の最後に置きます。there（そこに）は，「ガマくんの郵便受け（のところ）に」を表します。カタツムリの歩みは遅いので，まだカエルくんがガマくんに書いた手紙が郵便受けに届いていないのです。

❼someone will send a letter to you は未来の文です。カエルくんはガマくんに，「きっとだれかから手紙が届きますよ」と言っているのです。

⓫still を否定文で使うと「まだ（～ない），あいかわらず（～ない）」という意味になります。still はふつう，not の前に置きます。この文は❻の The snail was not there yet. とほぼ同じ意味ですが，still を使って「カタツムリが来ていないという状態がまだ続いている」ことを表しています。

 Question

Why is Toad tired?（ガマくんはなぜ疲れているのですか）

ヒント ❹の文の and の前に，疲れている理由が書かれています。何をずいぶん長く待ったのかも考えて答えを書きましょう。

解答例 Because he waited for the mail so long.
（彼はずいぶん長い間，郵便物を待ったからです）

Words & Phrases

some more［サム／モー］　もうしばらく
window［ウィンドウ］　　名 窓
still［スティル］　　　　副 まだ

❶ "Frog, why are you looking out of the window all the time?" asked Toad.

❷ "Because now I am waiting for the mail," said Frog.

❸ "But no mail will come," said Toad.

❹ "Oh, yes," said Frog, "because I sent a letter to you."

❺ "You did?" said Toad.

❻ "What did you write in the letter?"

❼ Frog said, "I wrote 'Dear Toad, I am glad that you are my best friend.

❽ Frog.'"

❾ "Oh," said Toad, "that is a very good letter."

❿ Then Frog and Toad went out onto the front porch and waited for the mail.

⓫ They sat there. ⓬ They were happy together.

日本語訳

❶「カエルくん，きみはどうしてずっと窓の外を見ているんだい？」とガマくんはたずねました。

❷「今，郵便物を待っているからさ」とカエルくんは言いました。

❸「でも郵便物は何も来ないだろうよ」とガマくんは言いました。

❹「いやあ，来るよ」とカエルくんは言いました，「だってぼくがきみに手紙を送ったんだから」。

❺「きみが送ったって？」とガマくんは言いました。

❻「きみは手紙に何と書いたんだい？」

❼カエルくんは「ぼくはね，『親愛なるガマくん，きみがぼくの大親友であることをうれしく思います。❽カエルより』って書いたんだ」と言いました。

❾「わあ」とガマくんは言いました，「それはすごくすばらしい手紙だね」。

❿それからカエルくんとガマくんは玄関先に出て行き，その郵便物を待ちました。

⓫彼らはそこにすわりました。⓬彼らはいっしょに幸せでした。

解説

❶why で始まる現在進行形の疑問文で，「あなたはなぜ〜しているのですか」という意味になります。all the time は「ずっと」ということです。

❷now が前に出ていることに注意しましょう。ふつうは，I am waiting for the mail now という語順になります。

❸will があるので未来の文です。no mail 〜 は「どんな郵便物も〜ない」という意味になります。

❹ ❸の否定文に対する yes という返事は，「yes だよ」→「来るよ」ということです。

　　参考 You don't like soccer, right?（あなたはサッカーが好きではないですよね）
　　　　 — Yes.（好きですよ）／ No.（好きではありません）

❺You did? は「あなたはそうしたのですか」と，相手の言ったことを確かめる相づちです。この文は You sent a letter to me?（あなたは私に手紙を送ったのですか）を短く言ったもので，Did you? と言うこともできます。

❼カエルくんは「私は『〜』と書きました」と言っています。ダブルクォーテーション（" "）の中のシングルクォーテーション（' '）の部分に，手紙の内容が載（の）っています。I am glad that 〜 . は「私は〜ということがうれしい」という意味で，that は省略することもできます。

❿went は go の過去形でしたね。went out onto 〜 で「〜の上へ出て行った」の意味になります。

⓫there（そこに）は on the front porch（玄関先に）をさします。

Question

What did Frog write in the letter?（カエルくんは手紙に何と書きましたか）

　ヒント ❼の文に，'Dear Toad, 〜 .' と手紙の内容が書かれています。

　解答例 He wrote "Dear Toad, I am glad that you are my best friend. Frog." in it.
　　　　（彼（かれ）はその中に「親愛なるガマくん，きみがぼくの大親友であることをうれしく思います。カエルより」と書きました）

Words & Phrases

all the time ［オール／ザ／タイム］ずっと
glad ［グラド］　　　　　　　　　　形 うれしい
I am glad that 〜 .　　　　　　　　〜でぼくはうれしいです。
onto ［オントゥー］　　　　　　　　前 〜の上へ

187

❶ Frog and Toad waited for a long time.

❷ Four days later the snail got to Toad's house and gave the letter to him.

❸ Toad was very pleased to have it.

◯ 日本語訳

❶ カエルくんとガマくんは長い間待ちました。

❷ 4日後，カタツムリはガマくんの家に到着し，手紙を彼に渡しました。

❸ ガマくんはそれを受け取って，とてもうれしく思いました。

◯ 解 説

❶ for a long time は「長い間」という意味です。waited のあとに for the mail（その郵便物を）が省略されています。

❷「～日後」は ～ days later のように表します。got は get の過去形で，got to ～ で「～に到着した」の意味になります。文の最後にある him は Toad（ガマくん）をさしています。

❸〈be 動詞 + pleased to + 動詞の原形〉で「～してうれしい」の意味を表します。to have it は「それを持って」→「それを受け取って」と考えます。it は❷の the letter，つまり，ガマくんに届いたカエルくんの手紙をさしています。

📖 Words & Phrases

get to ～［ゲト／トゥー］　　　　　　　～に到着する
was pleased to ～［ワズ／プリーズド／トゥー］　～してうれしかった

Comprehension Check

次の質問に英語で答えよう。

1. How was Toad's mailbox every day?

   訳 ガマくんの郵便受けは毎日，どのようでしたか。

2. What did Frog write on the envelope?

   訳 カエルくんは封筒の上に何と書きましたか。

3. Who took Frog's letter to Toad's house?

   訳 だれがカエルくんの手紙をガマくんの家に持って行きましたか。

4. What did Toad say about the letter from Frog?

   訳 ガマくんはカエルくんからの手紙について何と言いましたか。

5. When did the snail get to Toad's house?

   訳 カタツムリはいつガマくんの家に到着しましたか。

解答例

1. It was empty every day.

   訳 毎日，空っぽでした。

2. He wrote "A LETTER FOR TOAD" on it.

   訳 彼はその上に「ガマくんへの手紙」と書きました。

3. The snail did.

   訳 カタツムリでした。

4. He said, "That is a very good letter."

   訳 彼は「それはすごくすばらしい手紙だね」と言いました。

5. He got there [got to Toad's house] four days later.

   訳 彼は4日後にそこに［ガマくんの家に］到着しました。

前置詞のまとめ

➡教科書 p.131

■日本語訳を参考にしてみよう。

1. 場所や時を表す語（前置詞）

A: You usually come **to** school **before** eight o'clock.

Do you live **near** the school?

B: No, my house is **by** the movie theater **in** Minato Town. It's far **from** the school, so I get up **at** 6:30.

日本語訳

A：あなたはたいてい8時前に学校に来ます。

　　あなたは学校の近くに住んでいるのですか。

B：いいえ，私の家はミナト町の映画館のそばにあります。学校から遠いので，私は6時30分に起きます。

2. 場所を表す前置詞

❶ **into** the classroom 　　訳 教室の中へ

❷ **out of** the classroom 　訳 教室から（外へ）

❸ **in** the classroom 　　　訳 教室の中に［で，の］

❹ **on** the wall 　　　　　　訳 壁（の上）に［で，の］

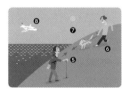

❺ **up** the hill 　　　　　　訳 丘を登って

❻ **down** the hill 　　　　　訳 丘を降りて

❼ **under** the sun 　　　　　訳 太陽の（真）下に［で，の］

❽ **over** the sea 　　　　　　訳 海の（真）上に［で，の］

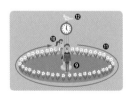

❾ **in front of** the clock tower 　訳 時計台の前［正面］に［で，の］

❿ **behind** the clock tower 　訳 時計台のうしろに［で，の］

⓫ **around** the clock tower 　訳 時計台の周りに［で，の］

⓬ **on** the clock tower 　　　訳 時計台の上に［で，の］

3. 時を表す前置詞

at 6:00（6時に）　　　　**on** October 31st（10月31日に）　　**in** summer（夏に）

before dinner（夕食前に）　**after** dinner（夕食後に）　　**until** 10:00（10時まで）

by tomorrow（あしたまでに）

辞書についていっしょに学ぼう！

1 単語の探し方

●つめ見出しと欄外見出しを利用しよう

辞書の側面にある印を「つめ見出し」といいます。つめ見出しを使って辞書を開いたら，ページの両上に書かれている「欄外見出し」を見ます。アルファベットでどの単語からどの単語まで載っているかがわかります。

2 名詞の調べ方 … 「名詞」は，もの，人，ことがらなどの名称を表す語です。

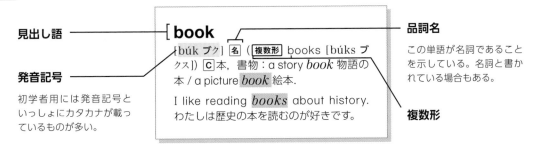

見出し語 ━━

発音記号 ━━

初学者用には発音記号といっしょにカタカナが載っているものが多い。

[book
[búk ブク] 名 （複数形 books [búks ブクス]） C 本，書物：a story book 物語の本 / a picture book 絵本.
I like reading books about history.
わたしは歴史の本を読むのが好きです。

品詞名

この単語が名詞であることを示している。名詞と書かれている場合もある。

複数形

3 動詞の調べ方 … 「動詞」は，動作や状態を表す語です。

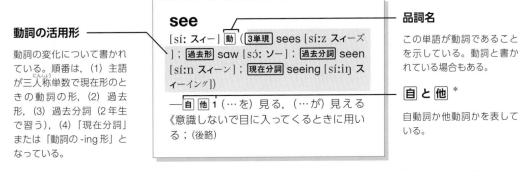

動詞の活用形 ━━

動詞の変化について書かれている。順番は，(1) 主語が三人称単数で現在形のときの動詞の形，(2) 過去形，(3) 過去分詞（2年生で習う），(4)「現在分詞」または「動詞の -ing 形」となっている。

see
[síː スィー] 動 （3単現 sees [síːz スィーズ] ；過去形 saw [sɔ́ː ソー] ；過去分詞 seen [síːn スィーン] ；現在分詞 seeing [síːiŋ スィーイング]）
── 自 他 1 (…を) 見る，(…が) 見える《意識しないで目に入ってくるときに用いる；(後略)

品詞名

この単語が動詞であることを示している。動詞と書かれている場合もある。

自 と 他 *

自動詞か他動詞かを表している。

＊自動詞 (vi.) → 主語と動詞で意味を表すことができる動詞：go(行く)，happen(起こる) など
＊他動詞 (vt.) → うしろに目的語となる名詞が続く動詞：find(～を見つける)，like(～を好む) など

Let's Try!

●どうかわるかな？

次の単語について，名詞は複数形を，動詞は過去形を辞書で調べてみよう。

❶ fish（魚）　　　 [　　　　　]　　❷ box（箱）　　　 [　　　　　]

❸ child（子ども）[　　　　　]　　❹ cut（～を切る）[　　　　　]

❺ dance（踊る）　[　　　　　]　　❻ catch（～をつかまえる）[　　　　　]

答え ❶ fish　❷ boxes　❸ children　❹ cut　❺ danced　❻ caught

Activities Plus 2

Questions & Answers　質問に２文以上で答えよう。　　➡教科書 p.134

■教科書の英文と日本語訳を比べてみよう。

	質問　Questions	応答例　Sample Answers
1	あなたは音楽が好きですか。	はい，好きです。私はしばしば日本のポップ・ミュージックを聞きます。
2	ペドロはサッカーをしますか。	はい，します。彼はサッカーチームに入っています。
3	あなたはふつう朝食に何を食べますか。	私はごはんとみそ汁を食べます。私はときどきパンを食べます。
4	あなたは夏が好きですか。	はい，好きです。私は水泳が好きです。
5	あなたはいつ勉強しますか。	私はふつう夕食のあとに勉強します。私は毎日，英語を勉強します。
6	あなたは何のクラブに入っていますか。	私は理科クラブに入っています。私は鳥について勉強します。
7	あなたはマンガ本を読みますか。	はい，読みます。『キャプテン翼』は私のお気に入りのマンガです。
8	キング先生は自転車を持っていますか。	はい，持っています。彼女は週末に自転車に乗って買いものに行きます。
9	あなたはペットを何か飼っていますか。	いいえ，飼っていません。でも私はイヌがほしいです。
10	あなたは何時に起きますか。	私は７時に起きます。でも私は土曜日と日曜日には８時に起きます。
11	あなたは本を何冊持っていますか。	私は本を約50冊持っています。私は読書が好きです。
12	ボブの祖母は何か趣味を持っていますか。	はい，持っています。彼女は庭で花を育てます。
13	あなたの誕生日はいつですか。	11月４日です。私は今12歳です。
14	あなたはじょうずに絵を描くことができますか。	いいえ，できません。私は絵を描くことがじょうずではありません。
15	あなたは自由にできる時間に何をしますか。	私は将棋をします。それはわくわくします。

Topics for Speaking　即興のチャットやスピーチをしてみよう。➡教科書p.135

■教科書の英文と日本語訳を比べてみよう。

	話題　Topics	チャットで使う質問例　Sample Questions
1	スポーツ	あなたは何かスポーツをしますか。 あなたはサッカーをしますよね。
2	自由にできる時間	あなたは自由にできる時間に何をしますか。
3	ペット	あなたはペットを何か飼っていますか。 あなたはイヌを飼っていますか。
4	マンガ	あなたはマンガ本を読みますか。 あなたはマンガが好きですか。
5	誕生日	あなたの誕生日はいつですか。 あなたはあなたの誕生日に何がほしいですか。
6	音楽	あなたは音楽が好きですか。 あなたはピアノを弾きますか。

即興スピーチにチャレンジ！　Impromptu Speech

■教科書の英文と日本語訳を比べてみよう。

例　1.　私はテニスをします。私はテニスチームに入っています。私はテニスが大好きです。

　　2.　私は自由にできる時間に本を読みます。私は本をたくさん持っています。私のお気に入りの作家は山田悠介です。

　　3.　私はペットを何も飼っていません。でも私は動物が好きです。私はイヌがほしいです。

　　4.　私はしばしばマンガを読みます。私のお気に入りのマンガは『坊っちゃん』です。それはとてもおもしろいです。

　　5.　私の誕生日は11月4日です。私は今12歳です。私は私の誕生日に新しい自転車がほしいです。

　　6.　私は音楽が大好きです。私は日本のポップ・ミュージックが好きです。私のお気に入りのグループはキングです。

Activities Plus 3

■教科書の英文と日本語訳を比べてみよう。

	質問　Questions	応答例　Sample Answers
1	あなたの夏休みはどうでしたか。	すばらしかったです。私は山梨にハイキングに行きました。
2	あなたは水泳がじょうずですか。	はい，じょうずです。私は100メートルを速く泳ぐことができます。
3	あなたは映画が好きですか。	はい，好きです。私はSF映画が好きです。
4	あなたはけさ，朝食に何を食べましたか。	私はごはんとみそ汁と魚を食べました。私はごはんが好きです。
5	あなたはマンガ本を何冊持っていますか。	私はマンガ本を1冊も持っていません。でも私の姉［妹］は何冊か持っています。
6	アヤは音楽が好きですか。	はい，好きです。彼女は吹奏楽団に入っています。
7	あなたは秋が好きですか。	はい，好きです。私は秋にたくさんのくだものを楽しむことができます。
8	アヤは夏祭りで何をしましたか。	彼女は焼きそばを食べました。彼女は花火も見ました。
9	キング先生はどんな食べものが好きですか。	彼女はすしが好きです。でも彼女はタコを食べません。
10	あなたはふつう何時に寝ますか。	私は10時に寝ます。でも昨日，私は11時に寝ました。
11	あなたは歌うことがじょうずですか。	はい，じょうずです。私のお気に入りの教科は音楽です。
12	あなたは昨日，家で英語を勉強しましたか。	いいえ，しませんでした。私は数学と社会を勉強しました。
13	あなたは自由にできる時間に何をしますか。	私はピアノを弾きます。私はピアノを弾くことが好きです。
14	あなたには兄弟か姉妹がいますか。	はい。私には弟が1人います。彼は小学生です。
15	あなたは昨日，夕食のあとで何をしましたか。	私は兄［弟］とテレビ・ゲームをしました。それはおもしろかったです。

Topics for Speaking　即興のチャットやスピーチをしてみよう。➡教科書 p.137

そっきょう

■教科書の英文と日本語訳を比べてみよう。

	話題　Topics	チャットで使う質問例　Sample Questions
1	夏休み	あなたの夏休みはどうでしたか。 あなたは楽しい夏休みを過ごしましたか。
2	スポーツ	あなたはスポーツがじょうずですか。 あなたはスポーツが好きですか。
3	映画	あなたは映画が好きですか。 あなたはどんな種類の映画が好きですか。
4	音楽	あなたはどんな種類の音楽が好きですか。 あなたは音楽が好きですか。
5	お気に入りの季節	あなたのお気に入りの季節は何ですか。 あなたは秋が好きですか。
6	食べもの	あなたはどんな種類の食べものが好きですか。 あなたは料理しますか。

即興スピーチにチャレンジ！　Impromptu Speech

■教科書の英文と日本語訳を比べてみよう。

例
1. 私は家族といっしょに秋田の祖父母を訪ねました。私たちはそこでおいしい食べものを食べました。祖母は料理がじょうずです。
2. 私はスポーツをすることが好きではありません。でも私はときどきテレビでサッカーの試合を見ます。私はそれを兄［弟］といっしょに見ます。
3. 私は映画が好きです。私はしばしば SF 映画を見ます。私は『スター・ウォーズ』が好きです。
4. 私はクラシック音楽が好きです。私は毎日ピアノを練習します。私はじょうずなピアノ奏者になりたいです。
5. 私のお気に入りの季節は夏です。私は海で泳ぐのが好きです。私は毎年夏に家族といっしょに水泳に行きます。
6. 私は和食が大好きです。私は特にすしが好きです。私は毎日すしを食べたいです。

Activities Plus 4

■教科書の英文と日本語訳を比べてみよう。

	質問　Questions	応答例　Sample Answers
1	私たちのクラスでだれが速く走れますか。	カナです。彼女（かのじょ）は陸上競技部に入っています。
2	あなたは何かよいレストランを知っていますか。	はい，知っています。私は駅の近くのイタリア料理店を勧（すす）めます。
3	あなたはけさ朝食を食べましたか。	はい，食べました。私はけさ，カレーライスを食べました。
4	火曜日には授業がいくつありますか。	授業が6つあります。私のお気に入りの教科である理科は3時限にあります。
5	キング先生は和食が好きですか。	はい，好きです。彼女はオーストラリアでときどきすしを食べました。
6	あなたのお気に入りの季節は何ですか。	それは春です。私たちは4月に新しい友達と出会うことができます。
7	あなたは家から昼食を持ってきますか。	いいえ，持ってきません。私たちは教室でいっしょに学校給食を食べます。
8	私たちのクラスでだれがピアノを弾（ひ）きますか。	ヒロシです。彼（かれ）はピアノを弾くことがじょうずです。
9	あなたは映画が好きですか。	はい，好きです。私はしばしばアニメを見ます。
10	あなたの小学校のいちばんの思い出は何ですか。	それは運動会です。私はいつも徒競走で1等賞を取りました。
11	あなたには兄弟か姉妹がいますか。	いいえ，いません。私は一人っ子です。
12	あなたはどれくらいよく運動しますか。	私は1週間に3回運動します。私は体育の授業でだけ運動します。
13	あなたはふつう休み時間の間に何をしますか。	私は友人たちとおしゃべりをします。でも私はときどき本を読みます。
14	あなたは昨日，家で数学を勉強しましたか。	はい，しました。私は30分間，数学の宿題をしました。
15	あなたはどんな種類の食べものが好きですか。	私はイタリア料理が好きです。私はスパゲッティが大好きです。

Topics for Speaking　即興のチャットやスピーチをしてみよう。➡教科書 p.139

■教科書の英文と日本語訳を比べてみよう。

	話題　Topics	チャットで使う質問例　Sample Questions
1	レストラン	あなたは何かよいレストランを知っていますか。 あなたのお気に入りのレストランは何ですか。
2	季節	あなたのお気に入りの季節は何ですか。 あなたは冬が好きですか。
3	映画	あなたは映画が好きですか。 あなたはどんな種類の映画が好きですか。
4	小学校	あなたの小学校のいちばんの思い出は何ですか。 小学校でのあなたのお気に入りの教科は何でしたか。
5	兄弟／姉妹	あなたには兄弟か姉妹がいますか。 あなたには兄弟や姉妹が何人いますか。
6	食べもの	あなたはどんな種類の食べものが好きですか。 あなたのお気に入りの料理は何ですか。

即興スピーチにチャレンジ！　Impromptu Speech

■教科書の英文と日本語訳を比べてみよう。

例
1. 私はしばしば家の近くのイタリア料理店に行きます。それは人気があります。私はそこのピザが好きです。
2. 私は冬が好きです。私はスキーが好きです。私は毎年冬に家族といっしょにスキーに行きます。
3. 私は映画が好きです。私はときどき母といっしょに映画館に行きます。彼女も映画が好きです。
4. 私のいちばんの思い出は修学旅行です。私たちは日光に行きました。それはおもしろかったです。
5. 私には兄［弟］が1人いて，姉妹はいません。私の兄［弟］の名前はナオトです。彼はじょうずにサッカーをします。
6. 私は中華料理が好きです。私はしばしば春巻を食べます。私の父は中華料理をつくることがじょうずです。

Activities Plus 5

➡教科書 p.140

Questions & Answers　質問に2文以上で答えよう。

■教科書の英文と日本語訳を比べてみよう。

	質問　Questions	応答例　Sample Answers
1	あなたは料理がじょうずですか。	いいえ，じょうずではありません。私は料理を習いたいです。
2	あなたは放課後に何をする予定ですか。	私は家に帰る予定です。私は夕食のあとに数学の宿題をする予定です。
3	あなたは冬のスポーツが好きですか。	いいえ，好きではありません。私は寒い天気が好きではありません。
4	あなたのお気に入りの学校行事は何ですか。	それはコーラス・フェスティバルです。私は歌うことが好きです。
5	金曜日には授業がいくつありますか。	授業が5つあります。5時限に道徳があります。
6	あなたはこの前の日曜日に何をしましたか。	私は家にいました。私は音楽を聞きました。
7	あしたは晴れるでしょうか。	はい，晴れるでしょう。でもあしたは寒いでしょう。
8	あなたはスマートフォンを持っていますか。	はい，持っています。それは便利です。
9	1週間であなたのお気に入りの曜日は何ですか。	私は日曜日が好きです。私は学校に行く必要がありません。
10	あなたは何かよいレストランを知っていますか。	はい，知っています。あなたは駅の近くのハンバーガー店に行くべきです。
11	あなたは春休みのための計画が何かありますか。	はい，あります。私は友人たちといっしょにサイクリングに行く予定です。
12	あなたはふつう何時におふろに入りますか。	私は7時におふろに入ります。でも私は昨日，8時におふろに入りました。
13	このクラスでだれが速く走りますか。	アカリです。彼女（かのじょ）はとても速く走ることができます。
14	あなたはどんな種類の食べものが好きですか。	私はアメリカ料理が好きです。私はハンバーガーが好きです。
15	あなたは楽器を何か演奏できますか。	はい，できます。私はギターを弾（ひ）くことができます。

Topics for Speaking　即興のチャットやスピーチをしてみよう。➡教科書 p.141

■教科書の英文と日本語訳を比べてみよう。

	話題　Topics	チャットで使う質問例　Sample Questions
1	今晩	あなたは今晩，何をする予定ですか。 あなたは夕食のあとに何をする予定ですか。
2	冬のスポーツ	あなたは冬のスポーツが好きですか。 あなたはスキーが好きですか。
3	学校行事	あなたのお気に入りの学校行事は何ですか。 学校行事のいちばんの思い出は何ですか。
4	春休み	あなたは春休みのための計画が何かありますか。 あなたは春休みの間に何をする予定ですか。
5	楽器	あなたは楽器を何か演奏できますか。 あなたはピアノを弾きますか。
6	兄弟／姉妹	あなたには兄弟か姉妹がいますか。 あなたには兄弟や姉妹が何人いますか。

即興スピーチにチャレンジ！　Impromptu Speech

■教科書の英文と日本語訳を比べてみよう。

例　1. 私は夕食のあとに新しいドラマを見る予定です。それから私は宿題をしなければなりません。私は10時30分に寝るつもりです。

2. 私はスキーが大好きです。家族と私は毎年冬にスキーに行きます。私たちは2月に新潟に行きました。

3. 私のお気に入りの学校行事はコーラス・フェスティバルです。私たちはたくさん練習しました。それは私のいちばんの思い出です。

4. 私は学校で毎日テニスをする予定です。それはきついですが，私はテニスをすることが好きです。私たちは4月にテニスの試合があります。

5. 私はリコーダーを吹きます。それはおもしろいです。私はピアノを習いたいです。

6. 私には兄弟や姉妹がいません。私は一人っ子です。私は兄がほしいです。

B